JN194117

エンカウンターに学ぶ

グループ学習 10の スキル

大友秀人・水上和夫　著

図書文化

まえがき

　いま，小・中学校や高校・大学の授業に，グループ学習を活用しようという動きが活発化しています。特に最近の小学校では，座学以外のパターンで行われる授業がとても多くなっていると思います。

　グループ学習とは，教師主導の一斉授業（座学中心）とは対照的に，子どもたちの行うペアや小グループでの学習（活動中心）を，授業の一部あるいは全部に取り入れた授業のことです。

　平成29・30年告示の新学習指導要領では，これからの時代を生きる子どもたちに求められる資質・能力の育成に向けて，「主体的・対話的で深い学び」の必要性が強調されました。すなわち，個別の知識や技能の習得に加え，子ども自身が学習の主体となり，学び合いや他者との協働の中で，思考力・判断力・表現力や，学びに向かう力・人間性を身につけていくことが強く求められているのです。

　そこで，一斉授業に代わる方法として注目を集めたのがグループ学習です。「アクティブ・ラーニング（AL）」というキーワードで，グループ学習を取り入れた授業がたくさん提案されていますので，なじみのある方も多いと思います。

　とはいえ，授業の方法として「グループ活動」を専門的に学んだことがあるという先生は，どのくらいいるでしょうか。とりあえずグループ学習を取り入れてみたもののうまく進まない，あるいは，子どもは楽しそうに取り組んでいるものの本当に学力に結びついているのだろうか，などと不安を感じている先生方は，実は少なくないと思います。

　そこで，30年以上にわたり構成的グループエンカウンターの実践研究を続けてきた著者らは，子どもたちの学びを深めるグループ活動展開

のコツを，「エンカウンターに学ぶグループ学習 10 のスキル」として本書で提案しました。どうすればグループ学習を「主体的・対話的で深い学び」にまで結びつけることができるだろうかと悩んでいる先生方の疑問へのこたえになれば幸いです。

　「構成的グループエンカウンター（SGE）」は，集団の力を活用したカウンセリングの手法の一つです。学校教育にとてもなじみやすい手法であるとともに，エンカウンターのリーダーの立ち居振る舞いには，授業でグループ学習を展開するときに必要な要素が，すべて詰まっています。

　第 1 部では，すぐに実践に役立つように，小・中・高等学校の具体的な授業場面を取り上げ，子どもたちの学びを深めるグループ活動展開のコツを，イラストを用いた Q&A 形式でわかりやすく解説しました。続く第 2 部では，SGE やグループ学習の基本知識や理論的背景を扱いました。これらを先に知りたいという場合には，第 2 部からお読みいただいても構いません。

　最後に，本書は令和元年から始まる「教育エクレ」シリーズの記念すべき第 1 号となります。本シリーズでは，いま，教育現場で先生方が抱えている問題に対して，教育カウンセリングやガイダンスカウンセリングの知見から，真に「役に立つ」考え方やスキルをタイムリーに提供することをめざしています。どうぞ楽しんでお読みください。

NPO 日本教育カウンセラー協会副会長

北海商科大学教授（心理学博士）

大友秀人

目次 エンカウンターに学ぶグループ学習 10 のスキル

グループ学習が うまくいく 10 のスキル

1. なぜグループ学習がうまくいかないのか

　授業に話し合い活動を取り入れているが，いまひとつ活性化しない。子どもたちから意見はいろいろ出るが，最後は教師が強引にまとめなければ収拾がつかない。ペアや小グループではいつも同じ子どもが中心で，「お客さん」になってしまう子どもがいる。グループにとけ込めない子ども，学習を逸脱する子どもがいて困っている……。

　こんな悩みを，皆さんはおもちではないでしょうか？

SGE に学ぶ授業へのグループ活用法

　皆さんは，構成的グループエンカウンター（以下 SGE）をご存じでしょうか。

　SGE は，グループの力を活用したカウンセリングの手法の一つです。「グループの力を活用した」という説明からもわかるように，SGE では，参加者にとって安心・安全なグループをつくること，グループ力を活用して教育的効果を引き出すことを，とても大切にしています。

　ですから，SGE のリーダーは，グループの取り扱いについての方法をたくさん学び，身につけています。つまり，SGE には，参加者に良好な人間関係を築き，ペアからグループへと徐々に集団を形成しながら参加者の気づきを引き出していく方法論が確立しているのです。

　これまでも SGE は，「グループづくり」の側面に注目して，学級の人間関係づくりに多く活用されてきました。本書では，さらに「グループの教育的効果」の側面にも注目し，グループ学習を取り入れた授業への SGE 活用について考えていきたいと思います。

SGE で授業がどう変わるか

　SGE の方法論を授業に応用すると，まず，教科教育が充実します。子どもたちの①学習意欲が高まり，②相互作用によって学習内容が深まり，結果的に学力向上につながります。

互いの間違いを受け入れられる集団では，失敗したらどうしようという不安が減少します。自分の好きなことにトライしたり，わからないことをわかるまで追求し続けたりと，一人一人が主体的に学習に向き合うことができます。また，学習しているときの自分の感情や考えを言葉にし，それがメンバーに受容されたり共感されたりすることを通して，自分自身の存在を実感し，自己受容感が高まります。このような学びが，子どもたちの人間的成長，キャリア教育につながります。

一斉指導と異なるリーダーシップ

　SGE を体験した教師は，学級づくりだけでなく，授業が上手になることを実感します。それは，ふれ合いと自他発見を意識することで，学級の子どものリレーションの深め方がうまくなるのと同時に，グループや個人に適時介入していく SGE リーダーの立ち居振る舞い（子どもたちへの関わり）が身につくことの，相乗効果だと考えられます。

　一斉授業では，教師の指示のもと，全員が同じように学習を進めていくのに対して，グループ学習では，子どもが主体となる複数の学びがばらばらに並行して進んでいくことになります。そのため，グループ学習では，一斉授業にプラスアルファの教師の関わり方が重要になるのです。

効果的な学習指導の条件

　心理学的な知見から，効果的な学習の条件を整理すると，以下のようになります。授業にこれらの要素が過不足なくそろっていることが，よい授業の条件です（大友，2013）。

（1）モチベーション（動機）

　興味，知的好奇心，達成感は，学習へ向かう原動力となります。SGE リーダーは，適切なアセスメントや自己開示などのスキルにより，子どもを学習へと動機づける働きかけをします。

（2）レディネス（ある学習をするための準備状態）

　レディネスは，新しい学習に取り組む際に必要となる知識や経験，心

構えのことです。既習事項だけではなく，子どもの発達段階（心身の成熟）についても考慮する必要があります。SGE リーダーは，インストラクション，デモンストレーションなどのスキルにより，わかりやすい説明と例示で子どもに合わせてレディネスをつくります。

（3）自己概念

「やればできる」「自分には学ぶ力がある」というイメージは，子どもの学習意欲を促進し，困難な課題にもくじけることなく，粘り強く学習に取り組む態度を支えます。SGE リーダーは，リフレーミング，介入，補助自我などのスキルにより，子どものポジティブな自己概念の形成を助けます。

（4）学級のまとまり（リレーション）

互いの気心が知れていて，秩序もある学級では，子どもは安心して学習に取り組むことができ，自発的な学び合いが起こります。SGE リーダーは，リチュアル，インストラクションでのルールの提示，シェアリングの活用などで，集団づくりを行います。

（5）評価

自己や他者の評価を通じて気づきをえることで，認知が拡大し，学習の定着が図られます。SGE リーダーは，シェアリング，コンフロンテーション，アイメッセージなどのスキルで，思考・行動・感情の修正と拡大を図ります。

ミニ用語解説

効果的な学習指導の条件（p.11）で使用した SGE や心理学の用語について簡単に説明します。

モチベーション
何かをしようとする意欲。意欲を高める働きかけは「動機づけ」。

アセスメント
見立て。情報を多角的に集め，その結果を総合的に整理，解釈すること。

レディネス
準備性。学ぶために必要な心身の条件や環境が整っていること。

インストラクション
リーダーがやり方を説明すること。

デモンストレーション
リーダーが実際にやって手本をみせること。

リフレーミング
見方（フレーム）を変えること。例えば，「がんこな→意志が強い」などと短所を長所に直すこと。

介入
メンバーがエクササイズのねらいを理解していないときなどや心的外傷を防ぐためのリーダーの働きかけのこと。

補助自我
自己の内面を語れるようにメンバー（子ども）の自我を支えること。

リレーション
ふれ合いのある人間関係。感情交流と役割交流によって生まれる。

リチュアル
グループのメンバーがある場面で決まって行う定型化された行い（儀式）のこと。

シェアリング
エクササイズを通して感じたこと気づいたことを語り，相手と分かち合うこと。

コンフロンテーション（対決）
不一致や矛盾を指摘して，相手を問題に直面させること。

アイメッセージ
「私はこう思う」と「私」を主語にしたメッセージ。相手に気持ちが伝わりやすい。

2．グループ学習がうまくいく 10 のスキル

本書では，以下の 10 のスキルを設定して，グループ学習における教師の役割や子どもへの関わり方について解説します。

なお，本書であえて「スキル」を強調しているのは，これらは個人のセンスや名人芸によるものではなく，学習によって，だれもが習得可能なものだからです。SGE では，理屈を学ぶよりも，自らが体感・体験し，感じ取る体験学習を重視しています。本書を読まれた読者も，ぜひ実践を通して，アクティブ・ラーナーとして深い学びを経験してもらいたいと願います。

なお，日々の実践を振り返るためのチェックシートを 86 ページに用意しました。ぜひ，ご活用ください。

①アセスメント　　　　　　→ p.15 へ

②プログラム作成　　　　　→ p.23 へ

③インストラクション　　　→ p.31 へ

④教師の自己開示　　　　　→ p.39 へ

⑤子どもの自己開示促進　　→ p.45 へ

⑥リレーションの深化　　　→ p.51 へ

⑦シェアリング　　　　　　→ p.57 へ

⑧介入　　　　　　　　　　→ p.63 へ

⑨個別の配慮とケア　　　　→ p.73 へ

⑩リーダーシップ　　　　　→ p.79 へ

アセスメント

楽しくてためになるグループ学習を検討する

　グループ学習を取り入れ，子どもたちがいきいきと能動的に学習に取り組む授業をするには，どうしたらよいでしょうか。

　そのためには，学級や子どもの状態のアセスメント（評価）に基づいて計画を立て，子どもの参加意欲を引き出すことが大切です。次の3つのアセスメントを生かすことで，子どもにとって楽しく効果的なグループ学習をつくることができます。

1. 指導についてのアセスメント

　①教師……グループ学習に必要な指導スキル（デモンストレーションやシェアリング，介入など）と，グループ学習の指導経験がどのくらいあるかに合わせてグループ学習の進め方を検討します。

　②子ども……これまでのグループ学習をどのくらい経験したことがあるかや，そのときの参加状況を参考にして計画します。

2. 集団についてのアセスメント

　①子どもたちの人間関係や学習への向かい方など，学級の子どもの状態を把握し，状況に応じた活動を選びます。

　②「聞くこと」「発言のルール」「学習用具を整えること」など，学習ルールの定着状況を把握してグループ学習を進めます。

3. 個別の子どものアセスメント

　①子どもの状況を把握して配慮する内容を決めます。

　②グループ学習に抵抗を感じる子どもを把握し，具体的に配慮を行うことで安心して参加できるグループ学習を進め，人と関わる楽しさを実感させます。

Question 授業でグループ学習を行うときに，どのようなことに気をつければよいのでしょうか？

Answer 教師の指導スキルや経験と子どもたちの参加状況から，どのようなグループ学習なら指導がうまくいくかを考えます。

小学校中学年　道徳

● 子どもの思いを引き出すために役割演技を取り入れようと考えている場面

グループ学習の指導力

役割演技を取り入れるのは初めて，最初はペアの活動にしようかな

一緒に
やろうよ
【誘う役】

ありがとう
よろしくね
【応える役】

グループ学習の指導経験

週1回はグループ学習を行っているうまく指導できるようになってきたぞ

子どものグループ学習の参加状況

社会科の調べ学習では，ペアの話し合いで盛り上がっている子どもがたくさんいたなあ

1. 指導についてのアセスメント

「グループで活動しなさい」と指示するだけで，グループ学習がうまくいくわけではありません。一斉授業とは違った，子どもたちをグループで動かすための指導スキルや経験が教師に必要です。

❶グループ学習の指導力

これまでに，グループ学習の指導経験がどのくらいあるか，研修（実習）をどのくらい受けたことがあるか，自分自身をチェックします。

一斉授業にしか取り組んだことがないという場合や，教職に就いてまだ年数が浅いという場合は，グループ学習に関して初心者マークといえます。自分は初心者マークだと思う場合は，いきなり背伸びせずに，簡単な課題によるペア学習から始めるようにします。

❷指導の自信

グループ学習に取り組む際に，いつもとは異なる授業に，「やりたくない」「おもしろくない」などネガティブな反応を示す子どももいます。授業中に，そのような反応を受けとめ，どう対処するかについても確認しておきましょう。つまり，子どものネガティブな反応を想定してグループ学習の計画を立てるわけです。

❸子どもの参加状況

グループ学習の成否には，子どもたちの学習状況やグループ学習の参加経験も影響してきます。同じ学年でも，「グループで話し合ってください」という指示に，子どもたちが乗り気で活動を始める学級があるいっぽう，気乗りがしない様子で活動に取り組む学級もあります。

子どもたちがこれまでに，どのようなグループ学習を経験しているのか，参加の様子はどうだったのかを把握しておくことが大切です。予想される子どもたちの姿に合わせて，子どもが取り組みやすいグループ学習をつくるようにします。

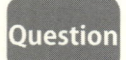**Question**　学級集団が大切だといいますが，学級の様子は，何をどのように見ればよいのでしょうか？

Answer　子どもたちの人間関係（リレーション）と学習ルールの定着状況をしっかり見きわめます。

中学校　国語「説明文」

●説明文の工夫について
　グループの話し合いで気づきを深めたいと考えている場面

学級の人間関係	学習ルールの定着
・ペア，4人組，生活班の活動はうまくいっているか ・男女の話し合いはうまくいっているか ・学級生活の満足度は高いか（Q-Uによる把握） ・協力して活動を進めることができるか	・発言をひやかす生徒はいないか ・意見を決められた言い方で発表できるか ・教師の指示を守って活動できるか ・役割を果たすことができるか

25分間，グループ学習できるかな？

グループ学習でどんな学習ルールを身につけられたらいいかな

2. 集団についてのアセスメント

　子どもたちの人間関係がよく，学習ルールが定着している状況では，グループ活動がうまくいきます。反対に，学級の状態がよくないのに無理してグループ学習を行い，失敗することは避けたいものです。

　しかし，子ども同士がうまく関われないからといって，グループ学習を避けるのはもったいないことです。学級の状態を把握し，それに合わせて段階的にグループ学習を行うことで，子どもたちの人間関係をよくしたり，学習のルールを身につけさせたりするようにします。学級集団の状態がよくないときに，何に気をつけるかを知っておくことです。

❶ 学級集団の状態を知る

　学級集団の状態を知るには，学級の実態を3つの視点で把握します。①子どもたちは学級に満足しているか。②子どもたちの人間関係は良好か。③学級のルールは定着しているか。

　これらを把握する便利なアンケートとして，「楽しい学校生活を送るためのアンケートQ-U」があります。学級満足度尺度や学校生活意欲尺度などにより学級と子どもの状態を把握することができます。アンケートをしない場合でも3つの観点で学級の状態を振り返ります。

❷ 学級集団の状態がよくないときのグループ学習

　学級集団の状態がよくないときには，活動人数，活動時間，活動方法を，集団の状態に合わせてコントロールします。

　例えば，言葉遣いがよくない学級では，ペア（2人組）で，1分間，話し合いの仕方も教師が指示する（質問に「はい，そうです」「いいえ，違います」で答える）などと，活動の枠組みを強くします。

❸ グループ学習でルールを身につける

　教師は，ルールを守って活動している子どもやグループを見つけ，認め，ほめることを繰り返します。子どもたちに，安心して楽しく友達と関わることができることを実感させることで，学級に学習ルールが定着し，徐々に自由度の高いグループ学習へと移行できます。

Question 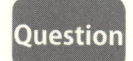 友達とうまく関われない子どもがいてもグループ学習はできるのでしょうか？

Answer その子が無理なく参加できるように個別に必要な配慮を考え，それを取り入れる形で活動全体を構成します。

小学校１年生　生活科　「学校探検」

●グループで学校探検に行くための事前指導をしている場面

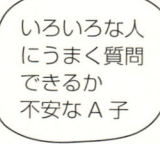

いろいろな人にうまく質問できるか不安なＡ子

- 質問例を書いたヒントカードを用意する
- 質問する様子をやってみせる

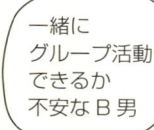

一緒にグループ活動できるか不安なＢ男

- 不安な気持ちを話してもらう
- 安心できる子どもとペアをつくって活動

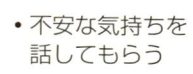

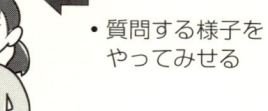

外に行きたいＣ男

- グループの人と一緒に活動することを約束
- 行方不明者が出たら教室に戻るルール

> **活動後は……** ！
> - グループには，約束を守ってきちんと活動できたことをほめる
> - 不安がっていた子どもには，がんばりを認め広めるようにする

3. 個別の子どものアセスメント

　学級全体が楽しく主体的に参加しているように見える場合でも，心の奥では，我慢をしていたり，参加したくないと感じたりしている子どもがいないでしょうか。教師は，このような子どもにきめ細かく気配りすることが大切です。

　人と関わることが苦手な子どもの思いに配慮してグループ学習を計画することは，すべての子どもにとって楽しい学習につながります。

❶活動の選定や進行方法

　配慮の必要な子どもの様子から考える場合は，その子がどのようなことに困難を感じているかを把握し，その子が参加できるように，活動のメンバー，人数，時間，方法，ルールなどを決めます。

　配慮の必要な子どもの割合が多いという場合は，大人数で行う活動を避け，まずペア活動（1対1の関係）を安心してできるようになることを目標とし，人と関わる楽しさを味わうことから始めます。

❷ルールの定着状況の問題点を把握する

　聞く・話すなどのルールが定着していない学級では，子どもの不安が高まります。そこで，枠（活動の条件）をつくり，枠の中での活動の安全を保障します。例えば，ルールの定着状況がよくない学級では，「相手の話は最後まで聞く」などのきまりを決め，2〜3分程度の短い活動を繰り返し行い，できたことをほめるということを繰り返します。このように，しっかりと安全保障をしながら，人と関わるためのルールを身につけさせていくのです。

❸グループ学習に安心して参加できるようにする

　例えば，ハイタッチのような身体接触に抵抗がある場合は，エアータッチ（手のひらを合わせないでハイタッチの真似をする）でもOKとすることで，活動に参加できる場合があります。子どもは，一人一人の思いに配慮して学習が計画されていることに勇気づけられ，安心して活動に参加するようになります。

エクササイズをすることがグループ学習？

　「グループ学習＝エンカウンターのエクササイズを行うこと」と考えている人もいると思います。確かに、「よいところをさがそう」のようなエクササイズを、授業のねらいに合わせて行う場合もありますが、実際には、話し合いや学び合いなどのグループ活動を授業の中に取り入れるというケースが多いと思います。

　では、なぜ本書では「エンカウンター」を打ち出しているのか。それは、エンカウンターのリーダーは、グループを動かし相互作用を活性化させるためのスキルを身につけているからです。インストラクション、自己開示、シェアリング、介入など、グループを扱うためのスキルを生かせば、「グループ学習がうまくいかない」という先生方の悩みに応えることができます。

　教師は、教師主導型の一斉指導には慣れています。しかし、新学習指導要領では、子どもたちの関わりを生かしながら、双方向・相互作用型の授業を進めていくことが求められています。授業にグループ学習を取り入れ、そこに自己開示や介入といったエンカウンターのスキルを活用することで、思考活動だけでなく、感情にも配慮した授業づくりを進めることができるようになります。エンカウンターのスキルを活用することで、子どもたちの学習意欲が高く、人と関わるためのコンピテンシー（資質・能力）が身につくグループ学習を実現できるのです。

　本書はエクササイズ主義ではなく、エンカウンターを進める際のスキルを用いて、授業づくりを活性化していくことをめざしています。

※エクササイズ「よいところをさがそう」
　國分康孝監修『構成的グループエンカウンター事典』図書文化，p.432

プログラム作成

ねらいを明確にして授業の計画を立てる

　子どもたちの発言が出ずに授業が行き詰まってしまい，仕方なくグループでの話し合いを指示するということは，グループ学習に逃げている指導だと思います。このような場合，たとえ子どもたちは素直に従ったとしても，活動は盛り上がりません。

　よりよい授業を進めるには，子どもにつけたい力や活動の進め方を検討し，ねらいを明確にしてグループ学習を進めることです。つまり，プログラムを作成する力を高めることが必要です。

1. 学習目標との関係を明らかにする

　教科，特別活動及び総合的な学習の時間など，学習の目標や課題を確認し，単元や本時のねらいを達成するようにグループ学習を位置づけて，プログラムを作成します。

2. 子どもにつけたい力との関係を明らかにする

　グループ学習で子どもにつけたい力（コミュニケーションスキルなど），グループ学習によって授業を活性化するねらい（話し合いが深まる）などを明確にします。これにより，「どうしてここでグループ学習を行うの?」という問いに答えることができるようにします。

3. 活動の構成や展開との関係を明らかにする

　グループ学習を設定する条件，導入する場面を明らかにしてプログラムを考えます。グループサイズ（ペアなのか3〜4人なのか），活動時間（3分なのか5分なのか），授業のどの場面で行うのか（導入，展開，終末など）など，活用方法を意識して計画します。

Question グループ学習を学習指導案に位置づけるときに，気をつけなくてはいけないことはどんなことでしょうか？

Answer グループ学習によって授業のねらいが達成されるかどうかを意識します。

小学校4年生　国語『ごんぎつね』

●ごんの心情の変化をグループで話し合う場面

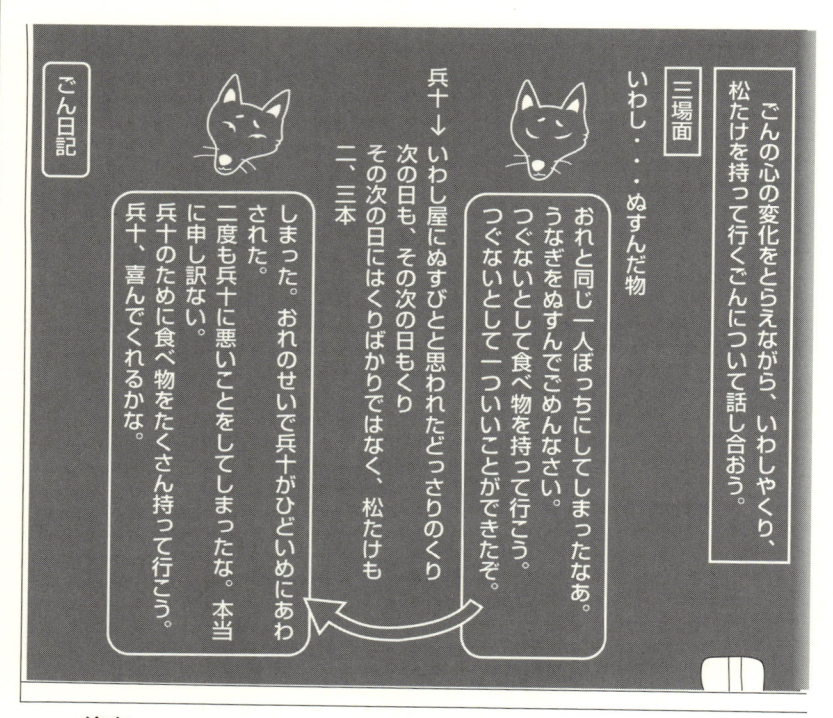

ごんの心の変化をとらえながら、いわしやくり、松たけを持って行くごんについて話し合おう。

三場面

いわし・・・ぬすんだ物

おれと同じ一人ぼっちにしてしまったなあ。うなぎをぬすんでごめんなさい。つぐないとして食べ物を持って行こう。つぐないとして一ついいことができたぞ。

兵十↓いわし屋にぬすびとと思われたどっさりのくり次の日も、その次の日もくりその次の日にはくりばかりではなく、松たけも二、三本

ごん日記

しまった。おれのせいで兵十がひどいめにあわされた。二度も兵十に悪いことをしてしまったな。本当に申し訳ない。兵十のために食べ物をたくさん持って行こう。兵十、喜んでくれるかな。

終末	展開	導入
ごんの気持ちを日記に書く	ごんの心情の変化をグループで話し合う	めあての確認 範読

「どこからそう考えたの」「みんなはどう思うのかな」などの問いで
自分の考えを広げたり深めたりできるようにする

1. 学習目標との関係を明らかにする

　授業のねらいを達成するために，どの場面にどのようなグループ学習を取り入れるとよいかを，よく検討します。

❶授業のねらいの達成にグループ学習を位置づける

　例えば，道徳の授業で，中心発問について考える場面に，グループでの話し合い活動を取り入れたとします。しかし，子ども一人一人が自分の意見をもっていないために，いくら時間をとっても話し合いが深まらない場合があります。このような場合は，教材の理解を深める読みの指導や，自分の考えを書く活動を教師主導で行っておくと，話し合いがスムーズになります。

　グループ活動ありきで考えず，授業のねらいを達成するために，どこまでを一斉授業で進め，どこまでをグループ学習とするか，比重を考えて計画を立てます。

❷「何のために行うのか」という子どもの意識を高める

　構成的グループエンカウンターのリーダーは，「この活動は，自分も友達もよいところがあることを気づくために行います」という具合に，実施するエクササイズのねらいを必ず説明します。

　グループ学習を指示する場合も，「自分の意見がまとまったようなので，友達の考えを聞いてみましょう」「ほかの人と自分の意見の違いを見つけましょう」「意見が違う人に理由を質問して，自分の考えの参考にします」など，なぜ行うのかを最初に説明します。

　また，「人に説明すると，自分の考えが整理されたり，たりない部分に気づいたりします」「一生懸命考えたことを聞いてもらうとうれしくなります」「力を合わせて考えると，一人では思いつかないようなアイデアが湧いてきます」などと，グループ学習で何が達成されたのかをフィードバックします。

　「何のために行うのか」がわかることで，子どもたちの活動への期待感は高まり，グループ学習はさらに活性化します。

Question 「グループ学習をやらなかったほうがよかった」と講評され，がっかりしたことがあります。どうしたら認めてもらえるのでしょうか？

Answer グループ学習で子どもに身につく力や授業改善の方向を明確にしておきます。

2. 子どもにつけたい力との関係を明らかにする ┃.....

　「主体的・対話的で深い学び」をめざして，授業にグループ学習を取り入れることが増えました。しかし，グループ学習によって子どもに身につく力や授業改善の方向が明らかになっていないために，よさが発揮されていないケースも増えています。

　グループ学習が形だけのものになってはいないか，いま一度見直しましょう。活用目的を意識することで，「グループ学習をやらなかったほうがよかった」と言われることはなくなります。

❶グループ学習を行うことで身につく力を明らかにする

　子どもたちの学び合いの姿をイメージし，それが実際に現れるように，配慮の行き届いたグループ学習を計画します。

　例えば，中学2年生の数学で，「$y = ax + b$」の関数関係を生活から見いだし，表やグラフや式で説明する授業を計画したとします。しかし，関数が苦手な生徒は多いものです。そこで，一部の生徒だけが進める授業にならないように，ペア活動を取り入れ，話し方のパターンを「私が考えたのは○○○○です。そう考えた訳は□□□□だからです」のように示し，ペアの相手に説明することとします。このように，「数学が苦手な生徒も安心して授業に参加し，学習に自信をもつこと」をグループ学習で達成することを明らかにしておくのです。

❷グループ学習による授業活性化の方向を明らかにする

　ほかの手法と比べて，本時をグループ学習で進めたほうが授業が活性化することについても，説明できるようにしておくことです。

　例えば，「考え方の違いに気づかせるためにペア活動が適している」「グループで話し合ったほうが，多角的に検討できる」など，グループ学習で何をめざしているのかを明らかにします。グループの相互作用で子どもたちがより教科の本質に迫り，学ぶ楽しさを体験する中で自己肯定感や学習意欲といった非認知能力（p.97参照）も高まることを，明らかにしておきます。

Question 参考図書やほかの先生の実践を参考にグループ学習をしていますが，授業がうまくいきません。どのようにしたらよいのでしょうか？

Answer 授業のどの場面で行うのか，その時間や人数，活動の条件などを，目的に合わせてアレンジして取り組むようにします。

高校　公民 「世論・政党・選挙制度」

●投票率の推移について，
　グラフからわかることをグループで話し合おうと計画している場面

研究発表会で見た A 先生の授業が
とてもよかった
うちの学校でも取り組めるかしら？

話し合いで
選挙についての
考えを深めたい

このクラスはグループ
学習に慣れていないから
話し合いの時間は 20 分間
にしよう
話し合いの前に個人で考え
る時間も必要かな

意見を出すのが
苦手な生徒もいる
考えるヒントに
キーワードを
示しておこう

3. 活動の構成や展開との関係を明らかにする ┃········

　うまくいった実践だからといって，どの学級でもそのまま通用すると
は限りません。自分が過去に行った実践についても同じです。たとえ同
じ教科，同じ単元で行う授業でも，前年と今年では子どもたちが異なり
ますし，1組と2組でも子どもたちは異なります。授業のねらいや子ど
もたちの状況によって，グループ学習の設定や条件を変えることが必要
です。

❶取り入れる授業場面や授業の組み立てを明らかにする

　目的に応じた活用ができるように，授業の導入，展開，終末のどこで
グループ学習を行うのかを明らかにします。

　例えば，前時の振り返りをペアで行ったり，これから取り組む課題へ
の期待を班で話し合ったりすることをねらいとしたグループ学習なら，
授業の導入に設定します。話し合い活動や屋外での体験活動，SGE の
エクササイズ，役割演技など，メインの活動に位置づけるグループ学習
なら，展開の部分で行います。授業の感想をグループで分かち合ったり，
次時への期待を高めたりするためのグループ学習なら，授業の終末に位
置づけるようにします。

❷時間，グループの人数など設定や条件を明らかにする

　活動の時間，グループのサイズ，活動の設定，活動の条件も，学級や
子どもたちの状況に合わせて毎回決め直しましょう。

　例えば子どもがグループに慣れていない場合には，長時間の活動は難
しくなります。そのようなときには，もともとが20分間の話し合い活
動であっても，時間を短くしたり，何度かに分けて細切れに行うように
します。5分は続かなくても，2分であればできることも多いのです。
また，やり方について慣れていない場合は，「うなずきながら聞きます」
「質問はしません」など，具体的な行動を指示します。

グループ学習に必要な教師の指導スキルとは？

　学級全員が同じ進度で一斉に学習を進めていくためには，教師が数十人の子どもをコントロールして，整然と授業を進めることが必要です。そのため，日本の学校では，教師主導型の指導力が一般化しています。子どもたちに対しても，一斉型の授業を念頭にした，ルールやマナーの指導が行われています。

　いっぽうで，このような一斉授業では一人一人の活動の自由度が低く，子どもが自分で問題を見つけたり解決したりする場面は多くありません。知識を効率よく身につけさせることはできても，一人一人の興味関心を伸ばしたり，思考力・判断力を高めたりすることには，つながりにくいのです。

　新学習指導要領で提唱されている「主体的・対話的で深い学び」を，従来型の一斉指導だけで実現することには無理があります。これからは，一斉型の授業の中に，子どもの自主的な活動を保障していくことが必要となります。ペアやグループでの学習は，その有力な方法の一つです。

　子どもたちがペアやグループで学習を進めるための指導方法は，一斉指導の進め方とは違います。一斉指導にプラスして，子どもたちが互いに自分の考えを主張し，互いに受け入れ，高め合うグループ学習を展開できるようになりたいものです。エンカウンターのスキルを活用すると，短い時間でも充実したグループ学習ができるようになります。教師は，一斉指導ができることに安住するのではなく，ペアやグループの学習の進め方についても上手になりたいものです。

インストラクション

するべきこと，してはいけないことを示す

　子どもたちがグループ学習をうまく進められるかは，教師のインストラクションにかかっていると言っても過言ではありません。

　インストラクションとは，活動に取り組む前に，ねらい，内容，やり方，ルール，留意点などを説明することです。

1. 目的やルールの説明

　グループ学習を始める前に，①何をするのか。②何のためにするのか。③どんなふうにするのか。　④活動する際にどのようなルールがあるのか。　⑤どんなことになるのか（期待していることなど）を説明します。長々と話をすればよいというものではなく，簡潔でわかりやすく話すことがポイントです。

2. デモンストレーションでモデルを示す

　説明さえ聞けば子どもが活動に取り組めると思っていませんか。実際には，言葉の説明だけではよく理解できずに，その場になって見よう見まねで参加している子どもも多いのです。すべての子どもが見通しをもってグループ学習に参加できるようにするには，教師が実際にやってみせること（デモンストレーション）が大切です。

3. 不安や抵抗の軽減

　うまくグループ学習に参加できるだろうか，失敗して恥をかくのではないか，嫌な思いをするのではないか等と不安を感じる子どもがいます。このような気持ちを理解し，活動に対する不安や抵抗を少なくすることで，すべての子どもがいきいきと参加できるグループ学習をつくります。

Question グループ学習をやらされていると感じている子どもがいます。どうしたら進んで参加するようになるのでしょうか？

Answer グループ学習の目的やルールを説明するなかで，何のために行うのかを子どもが十分に理解できるようにします。

小学校　特別支援学級 「わかりやすく伝えよう（自立活動）」

●ペアで，名前当てゲームをすることを説明している場面

1. 目的やルールの説明

　グループ学習を楽しみにしている子どもたちがいるいっぽうで，普段とは異なる授業に戸惑う子どもや，活動を面倒くさいと感じる子どもたちもいます。子どもがグループ学習の意義や意味，目的を理解して，納得して学習に取り組めるようにします。

❶グループ学習の目的を簡潔にわかりやすく伝える

　「グループ学習をします」「ペアで話し合いなさい」「班で活動しなさい」と指示するだけで，何のためにグループ学習を行うのかを子どもに伝えていない場合があります。そこには，子どもは教師の指示に従うものだという思い込みがあるような気がします。

　何のためにするのか，目的をわかりやすく説明します。「ペアの相手との意見の違いを見つけてください」「実験した結果から，どうしてそうなるかを班でまとめてください」などと，短く簡潔に話すことが大切です。

❷守ってほしいルールを絞り込んで話す

　活動を進めるルールについても，最初に伝えます。「相手の話を否定しないで聞くようにします」「一つだけ質問できます。答える人は『パスさせてください』と言ってもいいことにします」「順に全員が話すようにしてください」などという具合です。

　ただし，よい活動にしようと，ルールをむやみに増やすと，子どもはやらされている感じを抱きます。目的達成のために必要なルールを考え，「相手の話を否定しない」「相手のがんばっているところを見つける」など，一つに絞り込むことがポイントです。

　また，「この前の活動では，友達の意見をていねいに聞く人が多くて驚いた」「ルールを守って活動していてうれしかった」など，アイメッセージ（p.41 参照）を用いて教師の思いとともにルールを伝えると，子どもによく伝わります。

Question ていねいにやり方を説明しても参加できない子どもがいます。そんな子どもをなくすことはできるのでしょうか？

Answer 言葉による説明だけでなく，実際にやってみせることで活動のイメージをもたせるようにします。

小学校 5 年生　国語　『大造じいさんとガン』

●印象に残った表現と，それを選んだ理由を
　グループで発表し合うことを説明している場面

②説明するだけでなく板書する

話し方：「私は○○が印象に残りました。
　　　　理由は△△です」
聞き方：話す人を見てうなずいて聞く。
　　　　途中で口を挟んだり質問したり
　　　　しない

私は
「暁の光が小屋の中に
すがすがしく……」が
印象に残りました
理由は△△です

こんなふうに
発表します

①教師が子どもと一緒にやってみせる

2. デモンストレーションでモデルを示す

　例えば，ペア活動で，「隣の人と話し合いなさい」と指示するだけでは，初めからよい話し合いができるわけはありません。慣れるまでは，教師がモデルとなって子どもたちの前で実際にやってみせ，「互いに体を向かい合わせる」「わからないことを質問する」などのポイントも具体的に示すことで，よい話し合いとは何かを子どもたちは理解することができるようになります。百聞は一見にしかずということです。

❶言葉だけなく，実際にやってみせる

　インストラクションで，ねらい，内容，やり方，ルール，留意点などを簡潔に説明したら，「言葉で説明するだけではわからない」という前提に立ってデモンストレーションも行います。

　まず，「一度，進め方を実際にやってみようと思います。手伝ってくれる人はいませんか」と協力を募り，「それでは○○班にやってもらいます」と，子どもに交じって教師が手本を示します。

　教師は，真剣にしかも楽しそうに活動に参加する姿や，本音を語る姿勢を子どもたちに見せるようにします。また，うまくいかない場面では，どのようにすればよいかということも示します。

　このように，うまくいかなかったり失敗したりしたときに，それにどのように対応するかという見通しをもたせることで，子どもたちの活動への不安を減らすことができます。

❷やり方のわからないことを尋ね，質問を受ける

　デモンストレーションが終わり，いきなり「わかりましたね。始めましょう」としてはいけません。やり方がわからない子どもがいることを前提とし，必ず「わからないことはありませんか」「質問はありませんか」と聞くようにします。質問を受けることで，子どもの不安な気持ちに寄り添うようにします。

　また，配慮が必要な子どもには個別に声をかけ，やり方を理解したか，参加することができるかを確認するようにします。

Question グループ学習が苦手な子どもに「できそう」と思わせるには，どんなことに気をつけるとよいのでしょうか？

Answer グループ学習の抵抗や不安に配慮したルールや進め方を工夫します。大切なことは不安な気持ちをわかっていることを伝えて活動を進めることです。

3. 不安や抵抗の軽減 ┃..

　グループ学習で中心になって活躍する子どもの存在に頼って，強引に
グループ学習を進めるだけでは，みんなの活動になりません。

　話し合いが苦手な子や対人関係の不安が強い子，マイペースな子など，
グループ学習になじみにくい子どもが，安心して活動に参加してグルー
プ学習の楽しさを味わえるようにしたいものです。

❶不安な気持ちをわかっていることを伝える

　まず行いたいのは，グループ学習に苦手意識や不安な気持ちをもって
いてよいことを伝えることです。そして，そのような気持ちに教師がど
のような配慮をしているかを具体的に伝えます。

　例えば，うまく話せなくて困った場面をデモンストレーションの中に
取り上げ，「答えが言えないときはパスする」「相手の話に納得したこと
を伝えたいときは，納得とだけ伝えればいい」「聞くことに集中して，
自分がうまく話せないときは，賛成か反対かを伝えるだけでよい」など
のモデルを見せます。子どもの気持ちに寄り添い，実態に合わせた配慮
を行うようにします。

❷参加できるかどうか決めさせる

　グループ学習への参加は，最終的に子どもの自己決定とします。前述
のような配慮をしても「参加したくない」という子どもには，時間を計
らせたり，先生の手伝いをさせたりします（詳細は p.67 参照）。

　ときにはグループ学習に参加できないことがあってもいいのです。1 回
パスしたからといって，ずっと参加しないことが続くことはありません。
活動の様子を見ることで安心し，次回からは参加することもあります。

　参加するのはあたりまえ，嫌がることは許されないという考えでは，
子どもは不安な気持ちを隠してグループに参加することになります。こ
れでは，学習に集中できません。子どもがグループ学習に苦手意識を
もっている場合は，自己決定の場面を設けることで安心して参加できる
グループ学習になります。

一斉授業ができれば教師は一人前？

　学校現場には，一斉指導ができれば教師として一人前という授業観があります。一斉指導では，教師のねらいどおりに，整然と効率的に授業を進めることができます。そして，学力向上には，それがいちばん効率的だという暗黙の了解があります。そのため，授業で一斉指導が成立していることが重要であるという考えが，一般化しています。

　いっぽう，新学習指導要領では，「主体的・対話的で深い学び」をもとに，子どもが生涯にわたり，能動的に学び続けるために必要な資質と能力を身につけることが求められています。それには，従来の一斉指導だけでなく，対話のあるグループ学習に取り組むことが必要になります。

　本書では，対話のある授業に必要なスキルとして，①教師の自己開示，②シェアリング（分かち合い），③笑顔力（えがおちから），④目力（めぢから）などを提案しています。これらのスキルを活用し，わかったことだけでなく，うれしかったことや新しい発見，期待なども語れる授業ができれば，子どもの主体性を引き出すことができます。

　これらグループアプローチのスキルを，授業力のひとつとして習得することで，子どもの資質・能力の獲得をめざすアクティブ・ティーチャーとしての活躍がますます期待できるようになると思います。

　子どもが主体的に取り組む授業を求めて，悩んでいる教師は多くいます。一斉指導の魔力から抜け出し，ぜひ「ふれ合い」と「つながり」を生かす対話のある授業を進めてもらいたいと思います。

第❹のスキル
教師の自己開示
子どもの意欲を大切にしたコミュニケーション

　教師が自分の感情，価値観や考え方，自分のしたことや生い立ちなどを語ることを自己開示といいます。教師の自己開示は，子どもの教師理解につながり，よい人間関係を築くのに役立ちます。

1. アイメッセージによるコミュニケーション

　「早く準備してください」「グループ全員が話すようにしてください」のように，あなたを主語にした伝え方を You（あなた）メッセージといいます。指示や指導を徹底するために大切なことで，教師は「You（あなた）メッセージ」をよく使います。

　それとともにうまくなってほしいのが「I（わたし）メッセージ」です。「準備が早くて助かります」「グループ全員が話すことができるとうれしいです」のように，私を主語にして自分の気持ちを述べます。子どもは教師からのメッセージを受け入れやすくなります。

2. 対話を大切にした自己開示

　例えば，道徳の授業で，子どもに本音で語ることを求める場合があります。ところが，本音で語ることを求めている教師が，普段からまったく自分を語っていないことが多くあります。そのような教師に対して子どもが自分を語るでしょうか。

　子どもの話を聞き，対話しながら自分を開く教師は，子どもとの関係を深めることができます。ただし，自己開示は自己満足や自慢とは異なります。話す内容が活動の推進に意味があるかどうかを吟味して自分を開きます。「自分に正直か」「自分を守れるか」「場にふさわしいか」「子どもを傷つけないか」ということに配慮します。

Question 教師の話が，指示や命令や押しつけのように捉えられてしまいます。どうしたらうまく伝えられるのでしょうか？

Answer 「You（あなた）メッセージ」だけでなく，私を主語にして話す「Ｉ（わたし）メッセージ」を使うようにします。

高校　総合 「マイノリティについて考える」

●グループの話し合いに際して，教師が自己開示している場面

| 差別につながる発言はしてはいけません | 少数派の意見にも耳を傾けるようにしよう | 差別につながる発言をしないように気をつけています | 少数派の意見への配慮を忘れてしまうことがありました |

指示や命令に聞こえる　　　　　　教師自身の言葉として伝わる

Youメッセージ	Ｉメッセージ
「あなた」を主語にした伝え方	「わたし」を主語にした伝え方

1. アイメッセージによるコミュニケーション ┃········

　子どもとのコミュニケーションでは，教師が何を言ったかよりも，子どもがそれをどう受け取ったかについて考えることが大切です。

❶アイメッセージとは

　例えば，「黙りなさい」「おしゃべりをしてはいけない」という代わりに，「静かに聞いてくれると（私は）うれしい」と伝えます。「約束は破るべきではない」という代わりに，「（私は）約束を守ることが大切だと思っている」と伝えます。あくまで教師が主語なので，言われた側の子どもには主体的に考える余地が残り，メッセージが伝わりやすくなります。「私」を主語に語ることで，教師は自分の気持ちに向き合い，相手を批判・非難することなく，子どもとコミュニケーションできるようになります。

❷自己開示する内容

　教師は疲れない，失敗しない，いつもがんばっているという姿だけを見せ続ける必要はありません。教師が自分を語り，子どもを察する声かけをすることで，子どもたちに話しやすい雰囲気がつくられます。

・教師の感情の自己開示

　「先生も割合の問題には苦戦したんだ。」

　「みんなにきちんと話を聞いてもらえず，先生は悲しいです。」

　「暑いね。6限目の授業で先生も疲れています。みんなはどう？」

・教師の価値観や考え方の自己開示

　「先生は相手をばかにした言い方は嫌いです。小学校6年のときに友達をばかにしたことを言ってしまい，仲のよかった友達とうまくいかなくなって，とてもつらかったことがあります。」

・教師の生い立ちや行動の自己開示

　「小学校5年のときに急性腎臓病で1学期のほとんどを休みました。2学期に登校するとき，不安で学校へ行くのが怖かったです。」

Question 授業で子どもとの関係も深められる教師になるには，どのようにすればよいのでしょうか？

Answer 理詰めで話すだけでは子どもとの感情交流は生まれません。教師が対話しながら自己開示することで，あたたかい関係をつくることができます。

小学校4年生　国語　「手紙の書き方」

●教師が自分の子どもからもらった手紙を見せながら話している場面

2. 対話を大切にした自己開示

　自分を語ることができる教師と子どもとの間には感情交流が生じ，学級全体，グループ，個人との心理的距離が縮まり，子どもとよい関係をつくることができます。また，子どもを学習へ動機づけたり，学習内容を深く考えるきっかけをつくることが上手になります。

　私がこれまでに見た授業の中から，子どもとの対話の中で上手な自己開示をしていた教師の例を2つ紹介します。

　一つは，50代教師の例です。4年生の国語で子どもに手紙を書かせる授業です。授業の導入で，「先生に何人子どもがいると思う？」「みなさんはお父さん，お母さんに手紙書いたことあるかな？」と問いかけ，「先生がもらったのがどんな手紙か紹介してもいいかな」と子どもと対話しながら進めました。子どもたちはどんどん教師の話に引き込まれていきました。そして教師は，わが子からもらった手紙を出しました。子どもたちと同じ10歳のときに書いた手紙で，ノートを破った紙に書いてある手紙を「先生の宝物」だと言って子どもたちに見せました。「お仕事ご苦労様，がんばってください」程度の内容でしたが，教師は，手紙をもらった母親の「うれしい」「心が通い合う」気持ちを率直に語りました。年度初めの4月の授業でしたが，わが子へのあたたかい気持ちを知ったことで，子どもたちの担任への信頼が一気に高まっていきました。教師の言葉が子どもの心に響くようになり，いまから手紙を書こうとする意欲を高めていました。

　もう一つの例は，若い教師の授業の様子です。この教師は一つの活動が終わるたびに，「みんなしっかりノートを書いていたね。びっくりした」「いまの話し合いでの○○君の発言，考えを深めるのに役立ったね」「友達の話を聞く態度がとてもよかったよ」など，思ったこと感じたことを子どもたちに伝えていました。ほんの一言ですが，自分たちを見ていてくれるという教師のメッセージが子どもたちに伝わり，子どもの活動意欲を高めていました。

授業に本音の交流は必要？

　あなたがベテランと呼ばれるようになったとき，振り返ってほしいことがあります。それは子どもと本音と本音の交流ができているかということです。

　あなたは，授業で，子どもと本音で接しているといえるでしょうか。教師としての顔や立場だけで関わっていないでしょうか。教師役割だけで接していないか，子どもの本音を聞いているかについてチェックしてほしいのです。

　「すごい！　なかなかやるなぁ」「あなたの笑顔で先生は元気が出るよ」のように，自分の気持ちを伝えることができる（自己開示できる）教師は，子どもの意欲を引き出す教師です。自分を開くことで子どもの意欲を高め，よさを伸ばすことができるのです。

　自己開示とは，自分の感情，価値観や考え方，自分のしたことや生い立ちなどを語ることです。教師の自己開示によって，教師がどのような人なのかが子どもに伝わります。子どもの教師理解が深まり，よい関係が築かれます。建前でしか話ができない教師には，子どもを引きつける魅力はありません。

　ただし，単なる自慢話の場合は，教師の自己満足でしかありません。自己開示は，子どもの学習意欲を高め，授業のねらいを達成するために行います。

　子どもの意欲や感情に配慮した授業を進めるために自己開示が上手になりたいものです。あなたも授業で自己開示ができる教師になることを期待しています。

子どもの自己開示促進

相互的・対話的な学びを実現する

　グループ学習のよさは，他者との相互作用の中で，一人で考えているだけではもてないような気づきがたくさんあることだと思います。早く正解にたどりつくだけでなく，学習の過程で感じたことや気づいたことを子どもたちが語り合う機会を多く設けます。

1. 安心して自己開示できる環境や雰囲気の醸成

　間違ったらどうしよう，自分だけ違ったら恥ずかしいなどの気持ちが働くと，「考えたことを自由に話してごらん」と促しても，子どもはなかなか話すようになりません。中学生以上ではなおさらです。

　教師は，間違えても大丈夫，試行錯誤こそが学習という価値観を，自分の体験を交えながら，おりにふれて子どもたちに自己開示します。

　また，話し合いのルールやマナーの指導を粘り強く続け，何を言っても受けとめてもらえる，傷つけられることがないという安心感を学級に醸成します。もし他者を傷つける言動があった場合，教師はそれを見逃してはいけません。発言した子どもの安心・安全が守られることで，子どもは安心して自分を開けるようになっていきます。

2. 自己開示のモデルと促進

　「こう言えばいいのか」「自分にもできそう」と思わせるには，子どもたちの中からモデルを示すことが効果的です。例えば，率先して自分のことを語ってくれた子どもを見逃さずに，「○○さん，よく自分の気持ちを語ってくれました。先生はうれしいです」と，勇気をほめ，語られた内容を授業に位置づけます。このように，話してよかった，次は自分も話してみようという雰囲気を学級につくっていきます。

Question 間違うことを気にして，感じたことや思ったことを発表しようという雰囲気になりません。どのようにしたら子どもが自分の思いを発表するようになるのでしょうか？

Answer 本音で交流する際に生ずるトラブルを減らすルールやマナーを身につけさせ，安心して発表できるようにします。

小学校 1 年生　道徳 『かぼちゃのつる』わがままな行い

●わがままをした経験について，ペアで話した後，全体で話し合う場面

①感じたこと，思ったことを聞く

○○さんが自分の正直な気持ちを語ってくれましたほかの人も同様に気持ちを教えてほしいです

②安心できる雰囲気をつくる

自分のわがままな振る舞いを話してくれた○○君,勇気がありますこのことで○○君をからかったりしないでください

正しい答えじゃなくても自分の考えを話していいんだな

自分の経験を話してよかった

1. 安心して自己開示できる環境や雰囲気の醸成 ┃……

　子どもは，自分の気持ちや考えを，もっと聞いてもらいたいと思っています。教師は，子どもの感じたことや思ったことを，授業で取り上げるようにします。

❶知識理解だけで授業を終わらせない

　グループ学習の中で子どもは,「不思議」「面白い」「びっくりした」「難しい」「わかった」「くやしい」など，さまざまな感情を体験します。また,「〜と似ている」「〜との違いは何だろう」「もっと知りたい」「もう少しでできそう」などと，思考を働かせます。それらを言葉にして伝え合うことで，自らの内面を意識化することができます。また，他者の気づきに学ぶことができます。グループ学習後の話し合いでは，関わることで，わかったことだけでなく，感じたことや気づいたことを引き出すようにします。

❷環境や雰囲気づくり

　ルールやマナーが定着していない中で自己開示をすると，自己開示した子どもの心だけでなく，うまくいっていた友達関係も傷つけることがあります。「否定しないで聞きましょう」「聞き終わったら『ありがとう』とお礼を言います」のように，トラブルを軽減するマナーを指導します。

　いっぽうで，「言いたくないことは言わなくていいよ」「無理に話さなくていいよ」と，話せないことに配慮した声かけも必要です。無理に話をさせると，子どもの不安が高まります。たくさん話すことばかりを求めるのではなく，気持ちに寄り添った声かけが，子どもの自己開示への勇気を高めるのです。

　また，子どもの発言内容を，周りに言いふらさない，後からからかわないなど，発言者を守るルールを徹底することも大切です。「○○君の発言は勇気のあるものです。けれども，このことで○○君をからかったりしないでください」のように，教師は発言者を守ります。

Question 自分の考えや気持ちを言葉でうまく表現できない子どもがいます。どうすれば話すようになるのでしょうか？

Answer 教師や周りの子どもの姿をモデルにします。また，選択肢を示すなど，子どもが話しやすくなる工夫を考えます。

中学校　家庭科 「肉の加熱料理（日常食の調理）」

●ハンバーグの調理実習後，
　さまざまな調理についてグループで話し合う場面

肉入りの カレー	そのほか （　　　　）
からあげ	しょうが焼き

私が好きなのは
＿＿＿＿＿＿＿です。
理由は ＿＿＿＿＿＿だからです。

ハンバーグ以外の肉の加熱料理にはどのようなものがあるかグループで出し合いましょう

選択肢を話型を示すことで話しやすくなります❗

2. 自己開示のモデルと促進

❶モデルを活用した促進

　感じたことや考えたことを話し合う場面を授業の中に多く設定し，子どもの声に耳を傾け，発言をあたたかく受け入れるようにします。

　子どもたちのいろいろな発言のよさを取り上げ，それを広げることで，みんなのモデルとします。さらに，「みんなと違った考えをよく話してくれました」のように，勇気をもって発言してくれたことを認め，本音と本音の交流を促進します。

　意見を言ってくれた子どもに，「勇気があるね」「ほかの人もこんな発言をしてほしいな」「あなたの発言で授業が深まったよ」と，感謝を忘れないようにします。さらに，子どもの発言を取り上げながら，みんなで話し合うようにするのです。

　このようにして，子どもたちが分かち合う楽しさを味わえるようにします。

❷話すことの支援

　気持ちや意見をうまく話せない子ども，表現が苦手な子どもには，具体的な支援や配慮を行い，徐々に発言や発表のスキルを身につけていくようにします。

　例えば，話形をいくつか用意しておいて，穴埋め式に話せばいいようにすることで，ハードルが下がる子どももいます。

　選択肢を用意して，自分の意見に近いものを選ばせるという方法があります。「二者択一」「4つの窓」などのエクササイズを活用して，定番の活動とすることもできます。

　個別支援が必要な場合，教師が子どもの話を聞き，本人の代わりにみんなに伝える役をすることも必要です。そして，その考えのよさをみんなで味わうようにします。

ひとりが好きな子どもにもグループ学習は必要？

　明治大学の諸富祥彦先生は，その著書『孤独であるためのレッスン』（NHKブックス）で，「自分ひとりの世界をもっていることは，むしろ，素晴らしいことだ」という価値観を子どもに伝えていく必要性を指摘しています。

　ひとりでいることは，けっして悪いことではありません。ひとりでぼおーっとしている時間も，子どもの心の成長のために必要です。「B子さんはじっくり考えているね」「自分でじっと考えることも大切だね」と，ひとりの世界をもっている子どものよさを伝えていくようにしたいものです。

　ひとりでいることのよさを認めるいっぽうで，人と関わる力が弱いために仲間に入ることができない子どもには，人と一緒に活動できる力をつけてあげることも大切です。幼少期の体験の不足から，友達と関わる楽しさを味わったことがないという子どももいます。必要に応じて，人と関わったり，関わって楽しかったという経験を与えることも，これからの学校の役割だと思います。

　人と関わることが苦手な子どもを含めて，学級のすべての子どもが安心して参加できるように，グループ学習のルールや内容，時間を設定し，友達と関わるスキルを高めていきます。

　「友達から認められてうれしかった」「自分の意見を聞いてもらえた」「友達の考えがわかった」などの体験を積み重ねることで，ひとりの世界の楽しさと，みんなと一緒に活動する楽しさの両方を味わえるようにしたいものです。

リレーションの深化

協働する人間関係をつくる

　どんなに教師が授業を工夫しても，子ども一人一人に前向きに学習に取り組む意欲がないと，グループ学習はうまくいきません。一人一人がよさを発揮するとともに，互いのよさに気づく体験を積み重ねることで，子どもたちの学習意欲は高まります。

　学級生活を一緒に送るだけでは，子どもたちがよい仲間になることはできなくなっています。子どもが魅力を感じる学級は自然にできるものではありません。そこには担任の調整や指導が必要です。

1. 話しやすい学級の雰囲気づくり

　間違いを恐れる必要がなく，安心して自分を開くことができる学級を子どもは自分の居場所と感じます。そのような学級では，子どもたちの学習への意欲も高まります。

　ペアやグループの学習に，子ども同士の認め合い活動を設定し，友達や自分のよさを見つけて分かち合うようにします。

2. 他者と協働する力をつける（グルーピング）

　仲のよい人と一緒に学習できるのはあたりまえです。いろいろな人と協力できるようにしたいものです。グループ学習では，グルーピングを工夫することで，いろいろな人と関わる機会をつくるようにします。

　多くの人との関わりの中で，互いの気持ちを受けとめ，自分の存在に自信と誇りをもつ体験を，意図的，計画的に積み重ねていくようにします。

**Question** グループ学習の中で子ども同士の関係を深めるには，どうすればよいのでしょうか？

Answer グループ学習で子どもが，がんばっているところや努力しているところをたくさん見つけて伝えるようにします。

小学校3年生　外国語活動　「What's this? （これなあに？）」

● "What's this?" や "It's ○○○" の表現を使って，グループでクイズをする場面

"It's a lion" と言ったときの○○さんの笑顔がよかった！

子ども同士のほめ合い

話を聞いた後に拍手をしていて，Good！

認め合い活動の例

・ 発表に拍手
・ 互いのいいとこ探し
・ よい行動にはグーサイン
・ がんばりの木にシールを貼る

教師による賞賛

1. 話しやすい学級の雰囲気づくり ┃ ....

　これまで人間関係づくりは，朝や帰りの会，特別活動などで行われてきました。これからはエンカウンターを授業づくりに生かすことで，学習の中で本音で交流し合う楽しさを味わわせたいものです。

❶「認め合い」で人間関係を深める

　グループ学習の中に，「認め合い」の場面をたくさん取り入れましょう。子ども同士の人間関係が深まることで，学級が子どもにとって安心・安全な居場所になります。友達から励まされ，友達を励ますグループ学習での体験が，子どもたちの人間関係をつなぎ，学習意欲を高めるのです。

❷一人の気づきを，みんなの気づきに広げる

　人間関係が深まると，子どもたちの自己開示が増えていきます。次のような気づきや反応を積極的に取り上げ，広げていきましょう。子どもたちは，他者の姿から，より多くのことを学ぶことができます。

　「英語が下手でも，笑顔で応えてもらえてうれしかった！」

　「雲が隠すから月の形が変わるのだと思っていた！」

　「みんなたくさん本を読んでいるんだな。自分も見習おう」

　「○○さんの考え方すごい！　解き方っていっぱいあるんだな」

　「○○さんは，授業で習ってなくても，星座にすごく詳しいんだ」

　「みんなは雲が白いのはあたりまえだと言ったけど，私はそれがすごく不思議なことだと思った」

　「私は人前で話すのは苦手だけど，みんなの意見をまとめたりするのは好きだし得意だな」

　「みんな得意な部分が違って，それが重なり合って，すごくよい作品ができた。感動した」

　「困っていたら，みんなが次々にアイデアを出してくれた」

　「（調理実習でつくった）ハンバーグがまずかったらどうしようとドキドキしたけど，おいしいと言ってもらえてうれしかった」

 **Question** 子ども同士の関係や学級の雰囲気がよくありません。改善しながらグループ学習をすることができるのでしょうか？

Answer グループ学習でふれ合いの楽しさを感じさせたり，教師の気づきや思いを語ったりすることで，学級の人間関係をよくすることができます。

小学校1年生　国語　『くじらぐも』声に出して読もう

● 「子どもたち」と「くじらぐも」の役に分かれてペアで音読する場面

普段の学級活動では
身近な人と関係を深める

➡

グループ学習では
いろいろな人とふれ合う機会にする

2. 他者と協働する力をつける（グルーピング）┃┄┄┄┄

　前の学年では迷惑をかける存在として問題視されていた子どもが，いつの間にか学級で目立たなくなっていることがあります。ふれ合い（リレーション）のある人間関係の中で，ありのままの自分で生活できる関係が，学級に築かれているからだと思います。

　また，このような学級では，仲良しだからとか嫌いだからという個人的な関係を越えて，同じグループの一員として，だれもが協力し合える関係（ソーシャルリレーション）が築かれています。

❶トラブルを教材にする

　グループ学習では子ども同士の関わりが増えるため，いろいろな問題が次から次に起こることがあります。例えば，自分勝手なリーダーに振り回されて言いたいことが言えない，グループ同士で対立し，ちょっとしたことで言い争いになるなど，さまざまなことが起こります。

　しかし，トラブルは，ときとして起こってもよいのです。トラブルを乗り越えさせることを大切にして，グループ学習を進めるようにします。トラブルから何が問題かを学び，問題解決のためにこれからどうするかを考え，子どもたちと一緒に乗り越えようとする教師の姿勢に，子どもは多くのことを学ぶことができます。

❷だれとでも協力し合える関係を築く

　友達を選り好みすることは個人の自由だという子どもがいます。けれども，学級ではいろいろな友達とつき合う力を伸ばすようにしたいものです。そのためにグループ学習では，「いつでも」「だれとでも」「どんなときでも」活動する経験を積み重ねるようにします。

　だれとでも協力し合える関係を築くためには，グループ学習のルールや進め方を工夫し，安心して活動に参加できるようにすることがポイントです。いろいろな友達とペアやグループで活動し，互いに認め合ったり励まし合ったりすることで，嫌いだと思っていた友達のよさを見つけたり，特長に気づいたりすることができるようにしたいものです。

小学校低学年でシェアリングは難しい？

シェアリング（分かち合い）とは，体験を振り返り，そこで得た気づきを語り合うことです。シェアリングのスキルを使えば，短時間で効果的に気づきを分かち合うことができます。

小学校低学年では，生活科などの授業を中心に体験的な活動が多く取り入れられています。活動の後には，体験を振り返る話し合いも行われます。しかし，多くの場合は，教師主導で意見交換がなされています。子ども同士で気づきを分かち合うことは，小学校低学年では難しいと言う思い込みがあるような気がします。

しかし，低学年こそチャンスです。低学年の子どもは，自分の思ったことを先生に話したがります。そのような気持ちを受けとめながら，友達に気づいたことや思ったことを話したり，友達の意見を聞いたりする楽しさを味わわせるのです。

表現力が不足しているために，どのように話せばよいのかわからない子どもには，「私が不思議だと思ったことは〇〇〇〇です。そう思った訳は□□□□だからです」のような，穴埋め式のワークシートに感想を書かせます。その後，ペアのシェアリングから始めるのがよいでしょう。このとき，教師が実際にやってみせて，シェアリングのやり方をわかりやすく伝える工夫も必要です。

高学年になればシェアリングが自然とできるというものではありません。感じたことや気づいたこと，思ったことを自分の言葉で表し，友達と分かち合う経験を，少しずつ積み重ねることが必要なのです。

第❼のスキル
シェアリング
気づきを活用する

　シェアリング（分かち合い）とは，体験を分かち合い，感じたこと，気づいたことを共有することです。対話的に授業を進め，深い学びをめざすためには，シェアリングの指導力を高めることが必要不可欠です。

　シェアリングは，2人，4人，全体など，さまざまな人数で行うことができます。少人数でのシェアリングの後，そこでの話をもとに全体で交流するなど，段階的に人数を増やしていくパターンが基本型です。

　ペアやグループのシェアリングを上手に授業に取り入れることで，子どもたちの学習意欲を高め，よい人間関係を築くことができます。

1. 子ども同士のシェアリングの実施

　シェアリングを行うと，同じ学習をしても，それぞれの受け取り方が違うことを知ることができます。「とてもよいと思った」「賛成できない」など，考え方や感じ方の違いを知ることで気づきが深まります。また，そのような違いに気づき，それを互いに受け入れ合うことを積み重ねることで，自己肯定感が高まっていきます。ものの見方も広がり，多角的にものごとを見ることができるようになります。

2. 指導者の気づきの活用

　授業の終末など短い時間でシェアリングを行いたい場合は，初めに教師が気づきを自己開示し，数人に意見を求めるパターンも考えられます。

　あるいは，子どもたちの振り返りの後，うれしかったことや新しい発見，次時への期待などを語ることで，シェアリングを深めます。

Question 授業の最後に行う振り返りを，深まりのある話し合いにするにはどうすればよいのでしょうか？

Answer 考えたことや思ったこと，感じたことを話し合うシェアリング（分かち合い）を段階的に進めます。

中学校　特別支援学級 「やさしい頼み方（自立活動)」

● 「やさしい頼み方」のロールプレイの後，活動を振り返る場面

〔よくある振り返りのパターン〕

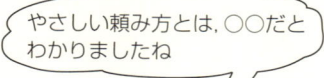

やさしい頼み方とは，○○だとわかりましたね

授業のねらいをおさらいするだけ

〔深まりのある振り返りのパターン〕

○○さんがとてもうまく頼んでいたよ

頼まれた人はどんな感じがしましたか？

授業のねらいに加え，わからなかったことや，感じたこと気づいたことについて発表を促す

1. 子ども同士のシェアリングの実施

授業の振り返りに取り入れたシェアリングが，知識のおさらいだけになっているケースを多く見かけます。もったいないことだと思います。

❶少人数から始める

授業中に発言しない子どもは，意見表明の機会がなく，聞くだけになっていることが多くあります。2人組などの小集団からシェアリングを始め，ほめることで自信をつけさせ，徐々にグループや全体の場でも話すことができるようにしていきます。

集団の規模が大きいと互いの話が聞けず，話し合いが深まりません。相手が限られていると真剣に話したり，聞いたりすることができます。この段階では，できるようになったことを認め，少しでも語ることができたら，それでよしとします。

❷自己表現に慣れさせる

シェアリングに入る前には，「ここのグループに協力してもらって手本を見せますから，こちらを見てください」と具体的に進め方をイメージできるようにします。例えば，「断わられたらどうしようと思っていつも強く言ってしまう」と自分の感情を語った子どもを取り上げて，「よく自分の気持ちを語ってくれたね。あなたの気持ちが伝わってきたよ」とほめます。自分の感じたことや思いを語ることがクラスのスタンダードになるようにします。

❸教師が橋渡しをする

シェアリング中，教師は邪魔にならないように巡回し，子どもの話に耳を傾けます。いい気づきが話し合われている場合には，全体で発言するように働きかけ，他の子どものモデルにします。

わかったことだけでなく，わからなかったこと（もっと知りたいこと）についても振り返ると，次の学習に向かう気持ちにつながります。また，「不思議」「面白い」「びっくりした」「難しい」「わかった」「くやしい」などの感情的な気づきを取り上げることも，学習の定着を促進します。

Question 授業中にシェアリングの時間がとれません。短い時間で気づきを共有するにはどうすればよいのでしょうか？

Answer 教師の思いを伝えることで子どもたちと気づきや思いを共有し，シェアリングを深めることができます。

高校　化学　「化学変化と電池」

●グループの実験の後，活動を振り返る場面

〈シェアリングを短時間で行うコツ〉
・何を話すかポイントを絞る
・時間をきちんと設定する

グループで１分間
実験を振り返ります
感じたことを一人ずつ
話してください

食塩水と
マグネシウムと鉄で
電流が流れるなんて
驚いた

○○さんが
うまくまとめて
ボードに
書いてくれた

どんな
金属でも
電流が
流れるのかな

面白い
実験だと
思った

2. 指導者の気づきの活用

　シェアリングは，2人，4人，全体など，さまざまな人数で行うことができます。少人数でのシェアリングの後，そこでの話をもとに全体で交流するなど，段階的に人数を増やしていくパターンが基本型です。

❶シェアリングのルール

　あたたかい雰囲気で発言を共有できるようにすることが重要です。話す側のルール，聞く側のルールを説明してみんなで守るようにします。

　〔話す側のルール〕　①いま，ここで感じていることを話す。②照れずに大きい声で話す。③自分の学んだこと気づいたことを話す。④友達について気づいたことを話す。⑤なるべくみんなにわかりやすく話す。⑥下を向かずに聞いている人の顔を見ながら話す。

　〔聞く側のルール〕　①友達の話は最後まで聞く。②決してひやかしたり，ばかにしたりしない。③話の途中で，「それは間違っている」とか「それはよくない」とか否定的なことを言わない。④よくわからないことは，遠慮しないで質問する。⑤友達のいいところを見つけて伝える。⑥友達の話から自分が学ぼうとする。⑦話が終わったら感謝の気持ちを込めて拍手する。

❷短い時間で行うコツ

　例えば，中学生や高校生は「4人グループで1分間」という指示で，もち時間を計算しながらひとことずつ感想を述べることができます。

　短い時間で行う場合のコツは，ほめる，感心する，驚く，喜ぶ，残念がる，期待するなどの，最初の言葉を指示することで，子どもが気づきや考えを話しやすくなるようにします。

　また，子どもがシェアリングに慣れていないと，似たような意見が並んで，話し合いが活性化しない場合があります。そのような場合は，一人一人が感想を振り返り用紙に書いて，それでよしとすることがあってもよいのです。気づきを引き出す仕掛けをつくるのは教師であることを自覚しておきたいものです。

グループ学習では教師は叱ってはいけない？

　授業中に子どもがおしゃべりや手遊びをしていることに気づいても，注意しない教師がいます。うるさく言うと嫌がられるとか，子どもの反発が怖いという意識が働くために注意できないようです。

　子どもに授業のルールを身につけさせるには，ルールが守られていないときに叱るのではなく，活動前にルールの確認を行い，活動中はルールを守ったことを認め，ほめる活動を繰り返すことがポイントです。

　例えば，「話すときは相手の目を見ます」と言って，あらかじめ黒板に書き，「目を見て聞いてもらって，どんな感じがしましたか？」とルールを守ることで楽しく関わったことを実感させます。「背筋が伸びていて気持ちがいい」とルールを守ったうれしさを子どもたちに伝えることも大切です。また，「準備ができたかを確認して互いに拍手しましょう」とルールを守って活動できたことを認め合う場面をつくります。

　「何がだめなのか」ではなく，「何がいいのか」をしっかり伝えることで授業のルールを定着させるようにします。ルールを守っている子どもや場面を見つけ，認めることでルールの定着を図るのです。

　このように，ルールを守っていることを，いつもきちんと伝えている教師だけが，いざというときにきちんと注意することができます。

　エンカウンターのリーダーは，ふれ合いの促進と安心な環境を守るために介入を行います。リーダーは，何がいいのか，何がだめなのかをはっきり示して，メンバーと対峙します。ルールを守るようにすることがリーダーの役割であることを自覚して取り組むのです。

介入

子どもの見取りと行動の軌道修正

　グループ学習が停滞しているときや，うまく進んでいないときに行うのが介入です。介入は，子ども同士のふれ合いを促進し，安心して自分と向き合うことができる環境を守るために行います。介入が上手にできると，グループ学習を活性化させることができます。

　介入では，うまく進んでいない理由をしっかりと見取り，子どもが軌道修正を受け入れるように働きかけることがポイントです。

1. ねらいからはずれている場合の対応

　子どもたちが学習のねらいからはずれている場合には，そのまま見守るのではなく，もう一度ねらいを確認して方向を修正します。

2. 活動に入り込めない子どもへの対応

　学習活動を始めなかったり，グループの中でずっと黙っていたりする子どもがいた場合には，そのような子どもの気持ちを受けとめ，状況に応じて適切に対応します。

3. ルールを守らない子どもへの対応

　ルールを守っていない場合は，何をどう軌道修正すればよいかを，現在の問題に絞って短く指摘します。またルールを守っている場面を見つけて，それをほめることでルールを定着させます。

4. 心的ダメージを受けた子どもへの対応

　グループの中で嫌な思いをした子どもがいた場合，まずはグループで解決するように援助します。改善しない場合には，子どもを活動から抜けさせたり，活動を中止したりすることが必要になります。

Question ねらいからはずれた活動をしているグループをどのように指導すればよいのでしょうか？

Answer うまく活動しているグループを紹介し，授業や活動のねらいに立ち戻って活動を進めることを促します。

中学校1年生　総合　「私の将来と生活設計」

●話し合いのねらいをはずれてふざけている場面

1. ねらいからはずれている場合の対応 ┃ ⋯⋯⋯⋯⋯⋯

　活動の途中で教師が細かく指導を入れることは避け，グループに活動を任せるようにします。そのためにも，インストラクションをていねいに行います。しかし，明らかにねらいからはずれている場合には，簡潔に指導を入れて軌道修正をすることが必要です。

❶授業のねらいの再確認

　例えば，道徳の中心発問「主人公の涙の訳を考えよう」についてグループで話し合う場面で，「泣かせた人はだれなのか」などとほかの話題で盛り上がっていることがあります。そのような場合は，「ここでは何を話し合うのかな？」と投げかけて，ねらいに立ち戻ることを促します。約束を守らずに活動しているグループに何も指導をしないことは，その後のグループ学習がうまくいかない原因となります。

❷グループ学習のめあての達成を促す

　活動には取り組めているが，「相手の話を否定しない」「決められたパターンで話す」「相手の目を見て話す」など，グループ学習の約束やめあてが守られていない場合があります。その際は，あらかじめ板書しておいためあてを示して，守ることを促します。注意ではなく，約束を思い出させるようにすることがポイントです。

❸うまく活動しているグループを紹介

　授業のねらいや活動の約束を守っている姿を見つけ，それを全体に広めるようにします。例えば，一つの活動が終わるごとに，うまく活動しているグループや，がんばっている子どもを見つけて紹介します。「うまくやっていた」「よくがんばった」とほめるだけでなく，何がよかったのか，どういうところをがんばっていたのかを説明し，ほかの子どもたちのお手本となるようにします。

Question グループ学習が始まっても動き出せない子どもがいます。そのような子どもをどのように扱えばよいのでしょうか？

Answer グループ学習になじめない子どもがいることを想定し，嫌な気持ちは受けとめ，対応するようにします。

高校1年生 特別活動 「仲間になろう（学級開き）」

●人間関係づくりのエクササイズに取り組めない生徒に対して

2. 活動に入り込めない子どもへの対応

　子どもがグループ学習で動けない原因には，いろいろなことが考えられます。①「こんなことやって何になるの？」という疑問から，モチベーションが高まらない。②内面を話すことへの照れや不安がある。③話したいが考えがまとまらない。④メンバーに遠慮して動き出せない。などです。

　子どもの気持ちの背景を考えず，「早く始めなきゃだめでしょ」といった注意ばかりすることは避けたいものです。

❶気持ちを受けとめる

　動き出せない子どもに気持ちを尋ねても，自分でうまく説明できないことがよくあります。理由を質問するだけでなく，子どもの気持ちを代弁しながら確かめてあげることが必要です。「黙っているけど恥ずかしいのかな，それとも思いつかないのかな」「自分のいいところを言うなんて自慢っぽくて嫌なのかな」「そうか，照れくさいよね」などと，気持ちに寄り添う姿勢が子どもに勇気を与えます。

❷見守って待つ

　授業なのだから「どの子どももグループ学習は積極的に参加すべきだ」「友達とどんどん関わるべきだ」と思っていませんか。教師がそのような考えで授業を進めると，置き去りにされる子どもがでてきます。教師は，その時間だけを何とかしようと焦らずに，子どもが動き出すのを見守って，「その子を伸ばそう」という姿勢で待つことを大切にします。

❸観察させる

　グループには参加できるが動き出せないというときは，活動を抜けて，観察するという方法があります。グループのうまくいっていることを見つけて，それを伝える役割をします。

❹進行を手伝わせる

　グループへの参加が難しいという場合は，時間を計る，配布物を配るなどの役割を与えることで，後ろめたさをもたせないようにします。

Question ルール違反をする子どもがいます。どのように注意すればよいのでしょうか？

Answer ルールを守らない理由を考え，それぞれに対応した指導を行います

小学校1年生　道徳　『ひつじかいのいたずら』〇〇さんの正直に拍手

●わがままな行いを正直に話してくれた人へ拍手をする場面

①再度説明する

拍手した後に言葉もかけてあげてください

そっか，忘れてた

②ルールを守るよう働きかける

正直の勇気に拍手です

わがままって悪いことでしょう？

③故意の違反をした子どもに向き合い，教師の気持ちをしっかり伝える

仲のいい友達にしか拍手したくない

みんなで気持ちよく活動がしたいです

発表をしっかり聞いてもらえないと先生は悲しくなります

3. ルールを守らない子どもへの対応 ┃ ....

　「しゃべらないで行う」「順番に行う」「拍手をする」などの約束や,「3分間」などの決められた時間を,子どもが守らない場合があります。なぜなのかを考え,理由に合った指導を工夫します。

❶ルールをよく理解していない

　単純にルールをよく理解していないために,不適切な行動をとっていることがあります。そんなときは,「こういうふうにやるんですよ」と個別に耳打ちするだけでよいこともあります。

　多くの子どもがわかっていないようなら,活動を中断してルールの説明をやり直します。

❷わかってはいるができない

　例えば,1人3分のルールを知っているのに,自分勝手に長々としゃべる子どもがいます。「他の人の時間がなくなる」「いい気がしない」などの声が自然にあがり,グループで解決できそうなら,それに任せます。子どもから声があがらないようなら,「このままでいいのかな」と,教師が働きかけます。子どもたちが自分でルールを意識し,守ることができるようになるとグループは成長します。

❸故意に違反をする

　グループ学習を「やらされている」「何でこんなことをするのかわからない」という反感から,故意にルール違反をする子どももいます。多くの場合,背景に,グループ学習の目的や意義が伝わっていなかったり,教師と子どもの関係がうまくいっていなかったりする問題があります。

　この場合は,グループ学習を中断させ,ふざけたり反発したりしている子どもと教師が向き合います。「ルールが守られないと,みんなが楽しくできない」「ルールが守られていないことを○○君はどう思う?」などと投げかけ,守ることを促します。

　教師は子どもの行動を非難するのではなく,アイメッセージ（p.41 参照）で,いい活動をしてほしいという気持ちを伝えることが大切です。

Question グループのメンバーから相手にされず無視される子どももいます。このままグループ学習を続けてよいのでしょうか？

Answer 子どもの気持ちを聞き，活動を抜けさせたり，周りの子どもへの指導を行ったりします。

4. 心的ダメージを受けた子どもへの対応 |

　グループ学習に毎回のようにうまく参加できなかったり，友達とトラブルになったりする子どもがいたとしても，教師は自分の指導に問題があると感じるのではなく，指導についてこない子どもが悪いと思っていることが多い気がします。

　子どもの受ける心的ダメージを防ぐように活動の進め方を見直したり，活動中に適切な介入をしていくことで，どのような子どもも安心してグループ学習に参加できるようにします。

❶気持ちを聞く

　子どもの気持ちを聞き，嫌だったことを本人が言えるように援助します。本人が言えない場合は，無視されてどんな気持ちがしたか，何が嫌だったかを教師が整理して代弁します。マイナスの気持ちにも配慮されていることがわかると，子どもは安心して活動に参加します。

❷活動から抜けさせる

　活動中に特定の子どもが攻撃されているとか，反論が集中的に行われているといった場合には，心的外傷を防ぐためにも早めに介入します。

　教師が「いま，ずいぶん言われていたように見えたけど，どんな気持ちがしたかなあ。みんなに伝えてごらん」と言って，攻撃されている子どもをフォローします。さらに「なぜそうなったのかな」「自分が逆の立場だったらどうかな」と，周囲の子どもに自分の言動の意味を考えさせるようにします。

❸グループ学習の中止

　子どもの受けたダメージが大きく，活動を続けるのが困難だと判断した場合には，勇気をもってグループ学習を中止することが必要です。そして，どうしてそのようなことをしてしまったのかを振り返ります。

　教師がセーフティーネットをしっかり張っている姿を見せることで，本人だけでなく学級全体に信頼感や安心感が高まります。

発達障害の子どもに必要なのは個別支援？

　発達障害などの特性から友達と頻繁にトラブルを起こしてしまい，グループ学習に参加できない（参加させるのを躊躇する）子どもがいます。このような子どもには，個別指導こそが必要だと考えている教師が多いのではないでしょうか。

　しかし，そのような子どもが自分の障害特性とうまくつきあいながら，社会的に成長していくためには，グループで人と関わる体験がとても重要です。グループ学習に安心して参加し，友達と関わることで，個別指導だけでは自覚することが難しい自分のよさに，子どもが気づけるようにしたいものです。

　グループ学習では，子どもの苦戦しているところを理解しながら，その子が参加できるように，グループ学習の構成や内容，実施方法などの枠組みを工夫します。例えば，認め合いの場面で何と言っていいかわからない子どもには，「□□さんの○○○○○○がよかったです」と言えばいいんだよというように，話し方のパターンも示します。

　また，一般的な配慮事項として，教師は以下のことを心がけます。

①よい行動を増やす声かけをする。

②「みんな違ってみんないい」ことを感じさせる。

③「○○さんだから」というのではなく，行動や態度に注目する。

④取り組んだプロセスに注目させる。

⑤他と比較するのではなく，個人の取り組みや成長に注目させる。

⑥できているところを見つけ，できないことのカバー方法を考える。

第❾のスキル
個別の配慮とケア

なじめない子どもに活動の楽しさを味わわせる

　人と一緒に活動することを避けたがる子どもや発達障害の子どもがグループ学習を苦手としている場合，それは子どもの特性だからと，うまく参加できないことを放置してよいのでしょうか。

　そのような子どもたちにこそ，グループ学習の中で，人と関わる体験をしたり，コミュニケーションのスキルを身につけたりしていけるように支援することが大切だと思います。グループ学習で教師が配慮することは，日常の子ども同士の関わりのうえでもポイントになります。

1. 孤立志向が強い子どもの配慮とケア

　孤立志向の強い子どもを，「人と関わることが下手な子ども」ではなく，「がんばってグループに参加しようとしている子ども」と考えると，見える姿が違ってきます。

　子どもが参加しやすくなるための配慮を行い，参加できたことを認め，がんばりを学級に広げるようにします。活動後は本人に感想を聞き，嫌だったことのケアを行うことも忘れてはいけません。

2. 発達障害の子どもの配慮とケア

　発達障害の子どもの特性や苦戦の状況を把握して，何ができて何が難しいかを考え，それに応じた配慮をします。活動前に本人の気持ちを聞き，参加するかどうかの確認することも必要です。無理があれば活動から抜けさせることも行います。

　子ども同士の関わりの中で，活動して「楽しかった」「がんばることができた」「面白かった」「参加することが苦しかった」など，いろいろな気づきや思いを分かち合うことがポイントになります。

Question 「ひとりがいい」という子どもをグループ学習に参加させる
必要があるのでしょうか？

Answer 安心してグループ学習に参加できるように配慮し，参加で
きたことを認め，広めるようにします。

中学校 2 年生　学級活動 「相手のことを考えて言葉をかけよう」

●答えを間違った人への言葉のかけ方をロールプレイする場面

安心できる環境をつくる

ロールプレイ
うまくやれる
自信がない
いやだな

演技せず
ワークシートに
書いたことを読む
だけでいいです

よかった行動を具体的にほめて伝える

人の発表に
拍手をしてい
ましたね
発表した人は
うれしかった
と思います

喜んで
くれたんだ

ホッ

グループ学習の楽しさを伝える

いろいろな
言葉かけの仕方が
ありましたね

確かに
自分と違う考えを
知って勉強になったな

1. 孤立志向が強い子どもの配慮とケア

　孤立志向が強いから，関わるスキルが未熟だからと子どもをグループ学習から排除するのではなく，楽しさを味わうことで自信とスキルを身につけられるようにしたいものです。

❶自分から声をかけられない子ども

　「グループ学習をしたくない」「ひとりでいたい」という子どもは，みんなと行動することに否定的なイメージをもっています。そのために，友達に話しかけたり話を聞いたりするという体験が少なく，仲間と関わるスキルが未熟なままとなり，それが否定的な傾向に拍車をかけています。教師が意図的に支援しないと，スキルが身につくことを期待するのは難しいのです。

❷言って聞かせるだけではできるようにならない

　人と関わるコツについて，これまで教師は言って聞かせる指導が多かったと思います。例えば，仲間はずれをつくらないことが大切だと言って聞かせたり，仲間はずれにされた子どもの気持ちを話してだれとでも一緒に活動するように諭したりしました。仲間に入れない子どもに対しても，がんばって自分から声をかけるようにと励ますことが多かったと思います。しかし，人と関わるコツは，実際の子ども同士の関わりの中でしか身につかないのです。

❸グループ学習の楽しさを味わわせる

　そこで，教師は個別指導として，「話は最後まで聞く」「うなずきながら聞く」「パスもありとする」などと，ルールやマナーを行動レベルで本人に具体的に指導します。グループ学習へ参加できるかどうかを本人に確認することも忘れてはいけません。

　活動中は子どもが嫌な思いをしていないか観察し，必要に応じて介入します。活動後には，「よくわかった」「自分の考えを言えた」などプラスの反応に焦点をあてて認めるようにします。嫌な思いをした場合には，きちんとケアを行うようにします。

Question  発達障害のある子どもとグループ学習でよくトラブルが起きてしまいます。どうすればうまく参加させることができるのでしょうか？

Answer できることを見きわめ，苦手な部分に配慮しながら枠組みをつくります。トラブルに注目せず，がんばったことを見つけて広げるようにします。

2. 発達障害の子どもの配慮とケア

発達障害の特性から，グループ学習を苦手とする子どもがいます。例えば，グループ学習の場面では，自分は何をすればいいのかがわからず，身動きができなくなる子どももいますし，自分の考えにこだわって，周りとけんかになってしまう子どももいます。また，大きな音が苦手な子ども，ざわざわした中では声が聞き取りにくい子どももいます。

このようなケースでは，個別指導の必要だけでなく，学級づくりやグループ学習の計画づくりからアプローチをする必要があります。

1 「枠組み」をはっきりさせる

その子の参加しやすいグループ学習の取り組み方やルール，時間などを，「枠組み」としてしっかり定めます。こうすればいいのだとわかることで，子どもたちの安心感が高まり，グループ学習の活性化につながります。また，これらの配慮の内容は，子ども同士の日常の関わり方の指針にもなります。

教師は，活動の説明（インストラクション）をわかりやすく行うために，以下のことに注意します。1. 活動の流れと目標を明示する。2. 説明や指示は短く結論を先に言う。3. 実際にやってみせるデモンストレーションを行う。4. 指示は一文一動作を心がける。5. 視覚・聴覚・運動覚的な手立てを進める。

2 よい行動を増やす

本人のよい行動を伸ばすように，「相手の話をうなずいて聞いていた」「わかりませんと言えた」のように，うまくいっていることをフィードバックします。これらの行動こそ，子どもが成長するヒントになります。つまり，問題行動におき換わる適切な行動を増やすことを目標とするのです。

そのうえで，「話をする代わりに，ワークシートに書いてあることをグループの人に見せていたね」などと，苦手なところ（できないこと）をどのようにカバーするかを本人と考えていきます。

グループ学習のキーとなる指導力

　グループ学習において，教師の指導力（リーダーシップ）が特に大切になるのは，ルールを守る意欲を高める場面と，できたことを認める場面です。グループに分かれて活動が始まってから，いちいち指示や注意をしなくても，子どもたちがルールを守って学習ができるように，次のことをしっかり行います。

①活動前にねらいの確認とルールを守る意欲喚起を簡潔に行う。

②評価の目安を決め，グループ学習のルールを守る意識を高める。

③活動後は子ども相互に認め合う形で評価を行う。

　次に，子どもたちのがんばったところやよいところを見つけて，できるだけ多くほめるようにします。自分のよさを見つけて伝えてくれる教師を，子どもたちはリーダーとして受け入れるようになります。

①個人やグループや学級全体をほめる。

　「うなずいて聞いていた」「集中力がすごかった」

②やる気や姿勢，表情をほめる。

　「○○さんの笑顔がよかった」「やる気十分だった」

　「がんばろうとしていてうれしい」

③普段できない子どもがしっかりやっていることをほめる。

　「○○さんもきちんとできました」

　「□□グループのみなさん，全員準備完了だね」

④よいときを思い出させ，いまの状況を残念がる。

　「今日は少し残念だね」

　「もっとよい話し合いができるグループだよね」

リーダーシップ

指示命令に頼らず子どもを動かす

指導力（リーダーシップ）のある教師を，一糸乱れず子どもを動かしている指示の上手な教師だと思ってはいないでしょうか。グループ学習では，子どもが次の活動に向かって自ら踏み出せるように，環境を整えたり，子どもを支えたり促したりするリーダーシップが求められます。

1. 子どもの主体性を引き出すリーダーシップ

エンカウンターのリーダーは，子どもが納得して自分からエクササイズに取り組むことを大切にします。無理をして取り組むと，得られる気づきが少ないうえに，心的ダメージが生じる場合もあるからです。

グループ学習も同様です。子どもが納得して主体的に取り組むことができるように，働きかける工夫をすることが大切です。子どもの気持ちを受けとめながらあたたかい人間関係のある集団をつくり，その中で個の成長を援助するリーダーシップをめざします。

2. 笑顔力を鍛える

笑顔で話す教師に，子どもは安心と信頼を感じます。また，変化や努力を見つけて笑顔でうれしそうに伝えてもらうと，子どもは「達成感」や「楽しさ」を味わうことができます。笑顔で話したり，笑顔を送ったりすることで，子どもの心に響く指導を行うことができます。

3. 目力を高める

子どもと目を合わせることから，コミュニケーションは始まります。子どもは，教師が自分の目を見て話してくれることで，聞く意欲が高まります。教師は，活動の最初や途中，最後に全員の目線を教師に集める場面をつくり，目線を送ったり目線を合わせたりします。

Question グループ学習のルールを約束しても守らない子どもがいます。どのように注意すればよいのでしょうか？

Answer 叱らずに行動の是非を説明し，望ましい行動をとるようにリーダーシップを発揮します。

小学校 1 年生　国語 『くちばし』

● 「問い」と「答え」の形式で，ペアで問題を出し合う場面

①指示は具体的にはっきりと

・順番に問題を出し合いましょう	→	・右側の人が最初に問題を出します
・「終わり」と言うまで続けます。	→	・時間は○分です。合図で交代します
・問題を考えてきてください	→	・問題は「□なくちばしです。これは，何のくちばしでしょう」の文の形にします。

②肯定的に話す

・問題の途中で答えてはいけません	→	・最後まで問題を聞きましょう
・答えを相談してはいけません	→	・わからないときはパスします
・私語をしてはいけません	→	・黙って待ちましょう
・相手を見ないで話していました	→	・ペアの相手に顔と体を向けましょう

③感情をつけ加える

・集中して取り組めました	→	・とても集中していて驚きました
・おしゃべりをやめなさい	→	・静かに聞いてもらえず悲しいです

④認め励ます言葉かけを行う

・○○さんは動物が大好きで，とても詳しいことがわかりました。先生も発見です。

・みんながルールを守って活動してくれたので，早く終わりました。ペアを代えて，もう 1 回やりましょう。

・「かものはし」にもくちばしがあることを発見した人がいました。

・問題を 10 個も考えてきてくれた人がいました。コツを聞いてみましょう。

・くちばしの特徴を手で表現してくれた人がいました。みんなにも見せてくれますか？

1. 子どもの主体性を引き出すリーダーシップ

　子どもを活動に向かわせるために，注意や指示をたくさんすると，子どもはやる気がなくなります。それよりも，たくさんほめたり，認め，励ます言葉をかけたりしたほうが，子どもは動き出します。

❶指示は具体的にはっきりと

　「ちゃんと聞いてください」→「目をつないで聞いていますか」

❷肯定的に話す

　「席を立ってはいけません」→「席に着きましょう」

　「大きな声を出さない」→「小さな声でしゃべりましょう」

　「まだできてないの」→「がんばっているね。あと少しだね」

❸教師の感情をつけ加える

　「また忘れたのか」→「今日も忘れて，先生はとても残念だった」

　注意や指示が必要な場合は，叱るのではなく，行動の是非を説明し，望ましい行動をとるように促します。また注意した後に，教師の感情をつけ加えます。教師の気持ちを知ることで，子どもたちの次の行動への意欲が高まります。

❹認め励ます言葉かけを行う

　・「それはあなたにしかできない考え方だ。さすが○○君だ」

　・「○○さんならできると思ったよ。最後までよくがんばったね」

　このような言葉かけを行うためには，子どもたち一人一人が認められ，その姿を互いに認め合えるような場面を，グループ学習の中に意図的に設定しておくことが必要です。グループ学習では，そのような場面をつくるチャンスがたくさんあります。

　また，教師は，ほめる子どもが偏らないように，参加することができない子どもを意識的に観察し，子どもの実態に合わせたほめ方を考えます。「相手の話を聞いてあげていたね」「恥ずかしそうだったけど目を見て返事をしていたね」「ペアの活動には参加していたよ」などと，本人も気づかない変化を見つけて伝えます。

Question 授業づくりに真面目に取り組んでいますが，子どもからの手応えが感じられません。どうすればよいのでしょうか？

Answer 教師が笑顔で接することで，子どもが授業で「安心感」や「あたたかさ」「楽しさ」を味わうようにします。

2. 笑顔力を鍛える

　教師がにこにこしていると，子どもたちは，先生に受け入れられている，うれしい，安心できるなどと感じることができます。教師の笑顔でクラスに安心感や穏やかな雰囲気が生まれ，グループ学習が活発になるのです。どれだけ真剣でも，笑顔のない教師の指導にはゆとりが感じられず，子どもたちが魅力を感じることはできません。

　ここでは，次の3つの笑顔力を高めることを提案します。

❶子どもの変化や努力を見つけ，笑顔でうれしそうに伝える。

　1時間の授業に1回以上，教師は笑顔で子どもたちに話す場面をつくります。授業の始めや途中，終わりなど，どの場面でも構いません。「ひとこともしゃべらずに集中していたよ」「ていねいな字で書けているね」「気持ちが出ている文だね」「進んで手をあげて発表したね」など，笑顔で子どもたちのよさを伝えるようにします。子ども同士にも，互いのよさを認め合う雰囲気がしだいに生まれてきます。

❷注意や叱責を引きずらないで，話題を変えたら笑顔で話す

　子どもたちを注意したり叱ったりした後は，「大きな声を出してごめんね。○○○してほしかったんだ」と教師の意図を伝え，すぐに切りかえて，笑顔で授業を続けます。子どもたちの気持ちをすぐに学習に引き戻すためです。また，教師が不機嫌で叱ったのではなく，理由があって叱ったのだということが，子どもたちに伝わります。

❸子どもの笑顔を見つけて伝えることで，笑顔のよさを広める

　子どもの喜んでいる姿を見つけ，「○○さん，うれしいことがあったようです。みんなにどんなことか話してくれるかな」などと広めることで，学級にあたたかい雰囲気が生まれます。

　子どもの笑顔を見つけられる教師は，子どもの悔しい気持ちにも気づくことができます。授業を進めるなかでも，子どもの気持ちを受けとめられるようになります。

Question 説明したことが子どもたちに徹底せず，授業がうまく進みません。どうすれば子どもに伝わるのでしょうか？

Answer 子どもの目線を集めたり，子どもに視線を感じさせりする目力を使って子どもを集中させます。

3. 目力を高める

　子どもが集中して教師の話を聞いている状態をつくるためには，説明を始める前に，子どもの目線を教師に集めたり，教師の目線を子どもに感じさせたりするようにします。つまり教師の「目力」が必要なのです。

　目力は生まれもったものではありません。意識して目力を高めることで，「静かにしなさい」「こっちを向きなさい」と，いちいち注意や指導をしなくても，リーダーシップを発揮できるようになります。

❶子どもの目を見て話す

　教師は，子どもが集中するまでじっと待って，全員と目を合わせながら，ゆっくり，はっきりと話し始めるようにします。教師が子どもの目を見て話すことで，目をつないで話を聞く子どもが増え，子どもの聞く意欲が高まります。

❷子どもの目線を集める

　「先生と目をつなぎましょう」と，子どもと目線を合わせることを繰り返し練習します。授業の最初や途中，最後に，全員の子どもの目線を教師に集める場面をつくるといいでしょう。

❸子どもの目を読む

　子どもと目線を合わせながら，はりきっている目，満足している目，自信のなさそうな目，心配そうな目などに気づき，声かけをします。

　子どもの目を読むことで，子どもの気持ちに寄り添うことができるようになり，思いをうまく表現できない子どもともコミュニケーションを取れるようになります。子どもに優しい眼差しを送ることができる教師になりたいものです。

❹子どもに教師の目線を感じさせる

　子どもと目線でコミュニケーションをとれるようにします。例えば，授業中に手遊びしている子どもに教師が目線を送り，子どもはそれを感じることで，言葉で注意しなくても行動を改めさせることができます。

グループ学習 10 のスキル　チェックシート

校種	小・中・高・(　　　)	学年	**年**	教科領域		実施期日	**年　　月　　日(　　)**
単元・題材名						授業者名	

実施部分	(　)導入　(　)展開　(　)終末	形態	(　)ペア (　)グループ (　)その他	時間	**分**

◇「ふれ合い」と「つながり」のある活動をつくる （チェック方法　対応よし—○　課題あり—△）

10のスキル	スキルの内容	チェック
1 アセスメント	①教師の指導経験と子どもの参加状況に合わせてグループ学習を計画する。	
	②学級集団の状態や学習ルールの定着状況に合わせて計画を立てる。	
	③グループ学習になじめない子どもに配慮して計画を立てる。	
2 プログラム作成	①授業のねらい達成のためにグループ学習を効果的に位置づける。	
	②グループ学習で子どもにつけたい力や授業活性化の方向を明らかにする。	
	③グループ学習の条件や導入する場面などの活用方法を明らかにする。	
3 インストラクション	①グループ学習が始まる前に目的やルールをわかりやすく説明する	
	②グループ学習の進め方を実際にやってみせる。(デモンストレーション	
	③グループ学習に不安や抵抗を感じる子どもへ声かけや配慮を行う。	
4 教師の自己開示	①気づきや思いをアイメッセージやジェスチャーで伝える。	
	②グループ学習のねらいを達成するように教師の体験や思いを話す。	
5 子どもの 自己開示促進	①子どもが安心して自分の思いを語ることができるように配慮する。	
	②教師や子どもの自己開示のモデルを示し，ほめ，認め，励ますことで子どもが自分を開きやすい雰囲気をつくる。	
6 リレーションの深化	①子どもの気づきを大切にし，互いに認め合う場や時間をもつ。	
	②苦手な相手であっても協力して活動を進めることができるようにする。	
7 シェアリング	①子ども同士の分かち合い（シェアリング）を行う。	
	②教師の気づきによって子どもの分かち合いを促進する。	
8 介入	①ねらいからはずれた活動をしているグループの軌道修正を行う。	
	②活動に乗れない子どもの気持ちを受けとめ，どうするかを指示する。	
	③なぜルールを守らないのかを考え，個人やグループに対応する。	
	④嫌な思いをしている子どもの気持ちを受けとめ，安全をしっかり守る。	
9 個別の配慮とケア	①孤立傾向が強い子どもがグループ学習の楽しさを味わうようにする。	
	②発達障害傾向の子どもがグループ学習に参加できるように，活動の「枠組み」をはっきりさせ，よい行動を見つけて伝える。	
10 リーダーシップ	①具体的にわかりやすく指示し，認め，励ます言葉かけを行う	
	②教師の笑顔で子どもに安心感やあたたかさ，楽しさを味わわせる。	
	③目力で活動に集中させ、教師の気持ちや思いを伝える。	

第 2 部

グループ学習と
エンカウンター

第1章

エンカウンターとは

1 構成的グループエンカウンターとは何か

　本書の第1部で取り上げた「グループ学習がうまくいく10のスキル」は，構成的グループエンカウンター（SGE）の理論に基づいています。したがって，SGEのことがわかると，この10のスキルの本質がさらに理解できるようになります。ここからは，SGEのことを中心に解説していきます。

◆構成的グループエンカウンターとは

　構成的グループエンカウンター（SGE）は，集中的なグループ体験です。目的は，「ふれ合い体験」と「自他発見」です。要するに，人と本音でふれ合うことを通じて，自分や相手の人間性にふれ，人間的な成長を遂げることをめざします。

　英語では，Structured Group Encounter と書きます。頭文字をとって，SGE と略して呼ばれます。

S：structured（構成的）……構成とは枠の意味で，「時間」「人数」「テーマ」などを活動の枠組みとして設定します。

G：group（グループ）……グループで体験するのには，「集団は人を育てる」というコンセプトがあります。

E：encounter（エンカウンター）……日本語で「出会い」という意味です。「出会い」には「自己との出会い」と「他者との出会い」の2つあり，「本音と本音の交流のできる親密な人間関係」をめざします。

◆ SGE はなぜグループで行うのか

さきに述べたように，SGE は，①グループでのふれ合い体験を通して，②自他発見をすることをねらいとしています。

本音と本音のふれ合いが生まれるには，メンバー同士の「リレーション」が必要です。

感情交流によって生じるものをパーソナル・リレーション，役割交流から生じるものをソーシャル・リレーションと呼びます（p.99 参照）。

これら2つのリレーションがあるグループには，「人を癒し，人を育てる」働きがあり，グループのメンバーの人間的成長が援助されます。すなわち，「グループは教育者である」と SGE では考えているのです。

◆ 人間的成長とは何ですか？

例えば，学級会でリーダー役を経験した子どもが，その体験を通じて，人に意見を求めたり話し合ったりすることの大変さについて初めて気づいたとします【思考・認知の修正】。すると，違う子どもがリーダー役になったときに，その子に対していたわりの感情が生じてきます【感情の修正】。このように，いたわりの感情が生じてくるから，話し合いを活発にしようとリーダーに協力するようになるのです【行動の変容】。

人とふれ合う体験の中では，思考・感情・行動の3領域のいずれかが，拡大されたり修正されたりして，自分や他者についての発見が生じます。それによって，いい意味での変化（人間的成長）が子どもに生じます。これが，人間的成長のイメージです。

SGE では，このようなグループ体験を，エクササイズやシェアリングを用いて，意図的に企画します。

◆ エクササイズとシェアリングについて教えてください

エクササイズとシェアリングは，SGE の2大柱です。

エクササイズとは，参加者の「思考」「感情」「行動」に揺さぶりをか

ける課題のことです。

　例えば，新学期，クラス替えで新しい集団になったときには，「座席表づくり」のエクササイズで名前と顔が早く覚えられるように，集団が固定化してきたときには，「バースデーライン」の並び順で，いつもとは違うグループをつくってSGEを行います。

　このように，エクササイズは，もち時間と参加者のレディネス（心の準備態勢）とモチベーション（やる気）およびリーダーの能力・興味を勘案して行います。

　エクササイズについてもっと詳しく知りたい方は「エンカウンターで学級が変わる小・中・高編（図書文化）」や「構成的グループエンカウンター事典（図書文化）」の書籍を参照してください。また，実際に体験したい方は，NPO日本教育カウンセラー協会のホームページ（http://www.jeca.gr.jp/）から，研修会の情報を知ることができます。

　次に，シェアリングは，エクササイズの後に行います。エクササイズを体験して，「感じたこと，気づいたこと」を参加者同士で話し合い，文字通り，感想をシェアする（分かち合う）のです。

　例えば，トラストウォーク（信頼の目隠し歩き）というエクササイズの体験を通して，「目をつむると耳のほうに注意がいくものですね」と言う人と，「手の温かさが感じられました」と言う人がいます。同じ体験をしても，受け取り方は人それぞれであることを，参加者はシェアリングを通して知ることができます。つまり，「思考」「感情」「行動」の修正・拡大が生じます。

◆ SGE の授業以外への効果を教えてください

　すべての問題行動は人間関係に起因するといってよいほど，子どもに与える影響が大きいことは事実です。よって，SGEは，学校教育のすべての側面によい影響を及ぼします。

・リレーションのある集団では安心して学ぶことができるので，学力が向上します。

・対人関係のトラブルから起こるいじめの予防，不登校の予防，ドロップアウトの減少などに効果があります。
・実存主義的発想がベースにあるので，在り方・生き方を考えられるきっかけが増え，生きる力の源が高まります。また，他者のさまざまな価値観にふれますので，進路についての意識が高まります。
・ふれ合いの中で「かけがえのない自己の存在」を発見することにより，自己肯定感が高まります。

② SGE の進め方

　SGE は，①インストラクション，②エクササイズへの取り組み，③シェアリング，④介入（インターベンション）の4つの技法で進めていきます。

①インストラクション

　インストラクションとは，授業でいう導入にあたります。活動のねらいを説明したり，ルールや約束事を確認したり，エクササイズのやり方についてデモンストレーション（実演）したりします。

> **インストラクションの要素**
> ①何をするのか，②何のためにするのか，③どんな方法でするのか，④時間はどれくらいかかるのか，⑤してはならないことは何か，⑥どんな問題が起こりうるかについて，短い時間で端的に説明する。

　大事なことは，手を抜かずに，やり方を実際にしてみせること。つまり，デモンストレーションすることです。子どもたちは，デモンストレーションを見ることによって，ルールややり方を理解し，やってみようという動機が高まります。デモンストレーションを全員に見えるようにわかりやすく行えば，グループの人数は，40人でも400人でも実施可能です。

②エクササイズへの取り組み

　エクササイズは，さまざまな対人行動から成り立つ課題で，思考・感情・行動のいずれかに刺激を与える誘発剤の働きをします。SGE では，エクササイズの体験をもとに，①自己理解，②他者理解，③自己受容，④信頼体験，⑤感受性，⑥役割遂行といった6つの目標に迫ります。

　リーダーは，参加者に合わせて，ねらいに迫るエクササイズを用意し，取り組みやすいものから徐々にチャレンジ精神を要するものに配列（プログラム）をします。また，エクササイズを行うグループの人数についても，2人→4人→8人などと，徐々に増大していくようにします。これにより，グループへ参加することの心理的な「抵抗」の予防をします。

　活動時間がたりないと不全感が残るので，時間のめどを確認し，余裕をもってエクササイズを選ぶことも大切です。

　具体的なエクササイズの例とそのポイントは以下のとおりです。

- **動きのあるエクササイズ（思考より行動）**
　うし・うまジャンケン，アドジャン，ジャンケン列車
- **繰り返しできるエクササイズ（学習効果）**
　アウチ，サイコロトーキング
- **グループサイズを拡大するエクササイズ（2人から4人へ）**
　質問ジャンケン，他者紹介
- **内面への探索があるエクササイズ**
　二者択一，共同絵画
- **エクササイズのプログラム例**
　例えば4月新しい学級で，互いの名前を覚えたりしながら，リレーションを深めたいときは，座席表・アドジャン・となりのとなり・共通点探しなど。学年統一のエクササイズの計画。

---

③シェアリング

　シェアリングとは，エクササイズを通して「感じたこと，気づいた

こと」を振り返り，分かち合うことです。SGE では「いまここ（here and now）」での体感を伴う気づきを重視しますが，授業で行うときには「考えたことや思ったこと」を入れてもよいと思います。

　シェアリングのグループサイズには，下記のようなものがあります。「隣の席の人」「少人数のグループ」「学級全体」という具合に，徐々にグループサイズを大きくしていきます。

①**小グループのシェアリング**……エクササイズを行ったペアやグループなどで行うもの。
②**インターグループシェアリング**……それぞれの小グループに発表を求める形で，気づきを全体に広げる。
③**全体シェアリング**……小グループを解体して全体で行う。

　授業でシェアリングを行う場合は，「フィードバック用紙」の活用もお勧めです。用意した紙に感じたこと，気がついたことを書いてもらい，それをもとに発表し合ったり，書いたものを集めて見合ったりします。書く時間がとれないときには，数人に感想を聞き，「○○さんと同じで楽しかった人」などと，挙手をしてもらう方法もあります。

　また，ルールは板書するなどして提示することをお勧めします。

シェアリングのマナー
・感じたこと，気づいたことなどを素直に言葉にしてほしい。
・他人の発言は静かに最後まで聞く。
・他人の発言をひやかしたりばかにしたり否定したりしない。
・シェアリングでの発言を後でからかったり他人に言いふらしたりしない。

④**介入（インターベンション）**
　介入とは，メンバー同士のふれ合いを促進し，メンバーが自分の本音と向き合えるようにするための，リーダーの関わり（立ち居振る舞い）

です。リーダーは視覚・聴覚などの五感を駆使し，安心して感情交流ができる雰囲気を保証します。

　リーダーの立ち居振る舞いとして，カメラ機能とスピーカー機能があります。

> **カメラ機能**：リーダーは発言者の表情が見える位置に立ち，発言内容や表情が気になるメンバーの反応を素早く読み取って反応する。また，よい反応をしている場合は，「○○していいね」と，素早くフィードバックする。
>
> **スピーカー機能**：発言者の声が小さな声で聞き取れないときなどに，「楽しかったんだね」と，はっきり繰り返したり，あいまいな発言のときには「○○ということね」と発言の意図をくみ取って明確化したりする。

③ 学級開きでの実施例

　学級開きに手軽にできるエクササイズとして，ここでは，「うし・うまジャンケン」の活動の流れとポイントを示します。

①インストラクション（ねらいと内容の説明）

　「今日はみんなが仲良くなるエクササイズをします。それは，『うし・うまジャンケン』です。まず，どんな活動かを，先生と○○さんがやってみせますので，よく見てください。」

　「2人組みで行います」

　「ジャンケンをして，勝った人がうし，負けた人がうまになります」

　「前にならえの要領で向かい合い，相手の左手と右手，自分の左手と右手が，触れ合わないようにサンドイッチになるようにします」

　「先生がうし（うま）と言ったら，うし（うま）の人は相手の手を挟みます」

「うま（うし）の人は，手を挟まれないように上にあげます」

②エクササイズの実施

「3回で終了です。お手つきをしないようにしましょう」

「終わったら，違う相手とペアになり，また行います」

「それでは始めましょう」

③シェアリング

「いま，どんな気持ちですか」

「感じたこと，気づいたことを，4人で（2つのペアが一緒になって）話し合いましょう」

＊活動は無理にまとめず，「みんなが楽しくエクササイズをしてくれてうれしくなりました。どうもありがとう」など教師が感想を語ってもいいでしょう。

SGE はどこから始まったのですか？

　構成的グループエンカウンター（SGE）を日本で提唱者したのは國分康孝先生です。奥様の久子先生と渡米中（1973-74，フルブライト交換教授，ミシガン州立大学）に，エクササイズを活用するエンカウンターと出合い，1975年に「構成的グループエンカウンター」として，日本で実践・研究を始めました（それまでは，エクササイズを用いない非構成のエンカウンター・グループが主流でした）。

　当時は東京理科大学の教員であった國分康孝教授が，学生を対象にしたワークショップを始めたのをきっかけに，40年以上にわたって，國分カウンセリング研究会，國分ヒューマンネットワーク，NPO日本教育カウンセラー協会と引き継がれ，全国的に広がっています。

追伸
國分康孝先生が2018年4月19日に逝去されました（享年88歳）。國分康孝先生の教えとスピリットを引き継ぎながら，本書を皮切りに，SGEの実践研究を発展させて第2ステージを繰り広げていく所存です。

第2章

これからの授業づくりに

1 いま，求められているもの

◆新学習指導要領との関係

　小学校では 2020 年度から，中学校では 2021 年度から，高等学校では 2022 年度から，新学習指導要領が本格実施されます。

　その中の大事なキーワードに，「主体的・対話的で深い学び」があります。これは，以前にはアクティブ・ラーニング（AL）という表現で，中央教育審議会答申（中教審）で議論されてきました。

　AL とは，「教員による一方的な講義形式の教育とは異なり，学修者の能動的な学修への参加を取り入れた教授・学習法の総称。学修者が能動的に学修することによって，認知的，倫理的，社会的能力，教養，知識，経験を含めた汎用的能力の育成を図る。発見学習，問題解決学習，体験学習，調査学習等が含まれるが，教室内のグループ・ディスカッション，ディベート，グループ・ワーク等によっても取り入れられる」と定義されています（中教審, 2012）。

　この定義におけるいちばんのポイントは，「学修者の能動的な学修」という部分だと思います。子どもたちが能動的に学んでいる状態（主体者は子どもたち）をつくり出すというのは，言葉でいうのは簡単ですが，そのために教師はどう指導するかと考えると，とても難しい問題です。

◆非認知能力との関係

「主体的・対話的での深い学び」のキーワードに，「非認知能力（社会情緒的スキル）」があります。

非認知能力（社会情緒的能力）とは，「自分に関する力」（意欲，自制心，誠実さ，忍耐力，自己肯定感など）と，「人と関わる力」（協調性，共感する力，思いやり，道徳性など）です。

OECD（経済協力開発機構）は，社会情緒的能力として，①目標を達成するための力，②他者と協働するための力，③自分の感情をポジティブにコントロールできる力を提唱しています。

非認知能力は，これまでの授業づくりでは副次的に扱われてきたものでした。しかし今後は，「教え－教えられる」関係を変革し，集団の力を活用して，これらの力も授業で育成していくことがポイントとなります。「ふれ合い」と「自他発見」を目的とするSGEをグループ学習に生かすことで，双方向・相互作用型授業を実現することができるようになるのです。

特に，授業にシェアリングを取り入れることは，「感じたこと」を「気づいたこと」と結びつけ，それをメンバーと分かち合うことにより，「思考」だけでなく「感情」や「行動」の修正・拡大も図られ，これまで以上に学習を深めることにつながります。

このように，対話のある授業を進めることで，非認知能力を伸ばし，学びに向かう子どもを育てていくのです。

◆一斉指導からグループ学習へ

この原稿執筆中に著者らが行った調査（北海道のある管内対象）では，小学校・中学校・高等学校でメインに行われている授業の形態は，やはり一斉授業がいちばん多いという結果でした。ペアやグループでの学習の比率は，小＞中＞高の順番で，校種が上がるほどに一斉授業が中心という現状もわかりました。

一斉授業の指導案は，導入・展開・終末という流れが一般的です。同様にグループ学習でも，本時の説明をして（導入），グループ学習をし（展開），まとめ（終末）という流れをよく見かけます。

　SGE の 3 本柱（インストラクション・エクササイズ・シェアリング）は，これらの授業の流れととてもよく似ていますので，まずは SGE のシェアリングを授業に取り入れてみることをお勧めします。

　中学・高校では，一斉授業の中に，まずはシェアリングを取り入れ，そこから適時グループや個人に介入していくリーダーとしての立ち居振る舞いを身につけることにより，グループ学習をうまく進めることができるようになると思います。

2　集団の力

◆よりよい学習者とは

　アクティブ・ラーニングの要である「学修者の能動的な学修」を考えるヒントとして，「よりよい学習者」とは何かを考えてみたいと思います。

　河野（2014）は，よりよい学習者（成熟した学習者）を育てるための条件として，「知らないことを恥ずかしいと思わない」「知らないこと・分からないことを人に聞ける」「知っている人・分かっている人を友達に持つ」などの重要な指摘をしています。

　教室にこのような学習環境をつくり出すためには，少なくとも子どもが座っている座席の前後左右の人と，人間関係が良好であることが望まれるでしょう。「安心して，安全に，学級で勉強や生活ができる（知らないこと・分からないことを人に聞ける）」環境があってこそ，効果的なグループ学習に結びつくのです。

◆よりよい学習者を育てる集団とは

　学級に 20 名の生徒がいても，20 名の生徒がばらばらであれば，それ

は集団とはいえません。前述したように，その20名の中に，良好な人間関係（リレーション）があることが，よい学習者を育てる集団の条件です。つまり，「ふれ合い」と「ルール」があることにより，学級の集団の力が発揮できるのです。

　SGEでは，グループ（集団）を活用して，本音と本音のふれ合いによる人間関係を体験することで，自己発見をめざします。つまり，他者からの刺激を受けて，考え方を変えたり，深めたりするのです。

　集団の基本は二者関係です。集団がうまくいかないときには，この基本原理に立ち戻ることです。学級であれば，まずは隣の人と，あいさつができる，話ができる，勉強がわからないときに気楽に聞けるなどの良好なリレーションができているか。また，後ろの人と同じような関係（集団）ができているか。これができているかが，集団の力を見きわめる基本原理です。

◆集団のリレーションをどうつくるか

　集団の人間関係（リレーション）には，次の2つがあります。パーソナル・リレーション（personal relation）は，感情交流が主となった人間関係で，自己開示的な関わりです。ソーシャル・リレーション（social relation）は，役割が主となった人間関係で，社会的な約束や規範を踏まえた関わりです。この2つのリレーションによって，人間関係は成り立っています。

　例えば，教師と生徒というのは，わかりやすい役割関係です。しかし，常に教師の顔でしか接することのできない教師は味気なく，人間的な魅力が感じられません。ときには，「今日は元気100％！」とガッツポーズで宣言したり，落ち込んでいる姿を隠さず「今日は調子がいまいち」と素直に感情を出せる教師には，生徒も自己開示がしやすくなります。

　また，学級開きのときのように，互いに初対面で緊張している場面では，ソーシャルよりもパーソナルな交流を意識して生徒に接すると，心の距離が縮まりやすくなります。そして，徐々に感情交流ができてきた

ら，ソーシャルな交流を意識して，ルールづくりなどを整えていきます。

◆集団の中で個はどのようにして育つのか

　私の好きな映画「12人の怒れる男」（ヘンリー・フォンダ主演，1957年制作）を例に，集団のダイナミクスと個の変容について考えてみましょう。

　————12人の見知らぬ男たちが，たまたま陪審員に選ばれたということで，10代の少年が犯した一つの殺人事件を追求していきます。12人中11人が有罪の判決を出しますが，証拠に疑問をもった1人の陪審員が無罪の判決を出したところから，物語は展開します。

　評決は全員一致を原則とすることから，1人でも異論があれば結審はできません。そのため，ただ1人無罪に投じた建築技師（主人公）のプレッシャーは相当なものであり，最初の討議の後，もし2回目の投票でも11対1ならば，有罪で終わろうと彼も提案しているくらいです。

　しかし，当初は相互に無関心であった12人は，討論を重ねていくうちに，他者の見方や考え方に触発され，事件を多角的に見るようになるとともに，相互に関心を深め，気づかなかった自己のいろいろな側面に気づきはじめ，先入観や固定観念から自己を解放して，深い関わり合いをもつようになっていきます————

　この映画を，私は，大学の教職課程の「特別活動論」の授業の中で，学生によく見せています。たまたま陪審員に選ばれた12人が，与えられたものではなく，自分たちの動機として目的をもち，成長し，自己変革していく集団として機能していきます。集団が成長していくということはこういうことなのだと学生にも実感しやすいようです。

> ### 3　SGE に学ぶグループ学習の深め方

　人間関係の良好な集団は，よりよい学習者が生まれるための前提条件

ですが，環境だけをつくればアクティブ・ラーニングが成立するわけではありません。学習の主体者は子どもたちであっても，グループ活動がうまくいくようにするためには，グループ内やグループ間に対しての「教師の関わり方（立ち居振る舞い）」が大事になります。

　いっぽうでは，できる子どもをリーダーにして，できない子どもに教えさせることで，学習の定着を効率的に図るだけのようなグループ活動も多く見うけられます。「ふれ合い」や「つながり」をつくり，子どもが自ら学ぼうとする意欲を高め，仲間との協同の学習活動を促すことを意識してグループ学習に取り組めている教師は決して多くないのです。

　学習場面における，能動的な教師，アクテイブ・テイーチャーとして，SGE リーダーに学びたい力（心構えを）について解説します。

（1）観察能力と感受性

　教師は「教えたがり」なので，教授行動に集中すると，どうしても子どもを観察する余裕がなくなります。意識を高めるための心得は，「教えようとするな，わかろうとせよ」です。

　SGE のリーダーには，一人一人の言動を観察し，その意味を感受する力が求められます。例えばエクササイズ中に，気が乗らない生徒や過剰に反応しすぎる生徒がいても，その存在に気づかないと，個別に介入することはできません。この感応する力は，学級づくりや授業の中でも必要なものです。グループ全体の流れを観察し，その変化を感じとることが大切です。

（2）気概を出せる力

　子どもの気持ちを動かす，教師の本気や迫力のことです。

　学級担任としてのパッション（この学級の担任は私ですという気概）に通ずるものがあると思います。ふれ合いのあるあたたかい学級にしたいという教師の気概が，子どもたちを動かすのです。

　SGE のスキルは，本を読んで勉強することもできます。しかし，気

概はスキルではないので，ぜひ SGE に参加して，体感・体験を通じてリーダーの気概を感じ取ってほしいと思います。それを，子どもたちや学校現場に還元していってほしいと思います。

（3）自己開示能力

　グループの中では，自己開示によって他者とのふれ合いが促進されます。そこで教師は，自ら自己開示のモデルとなることが大切です。自己を開くことが，相手の心を開かせることにつながります。

　上手な自己開示のコツは，「人を見て法を説け」です。つまり，常に生徒のためにということを忘れず，生徒と対話をしながら意味のある自己開示することです。自己開示は自慢とは違います。一方的に，自分の話したいことを，得意げに話しているだけではだめです。

（4）固定概念にとらわれない

　SGE は折衷主義を基本原理としています。折衷主義とは，特定の理論や技法に偏らず，そのときどきに応じて，複数の理論・技法から問題を解決するために最適な手法を使っていくということです。

　このような考え方ができるためには，柔軟な思考をもつことが必要です。「こうあらねばならない」という固定概念にとらわれすぎると，その考え方に自分自身が振り回されてしまいます。例えば，「グループ学習には全員が参加しなければならない」と強く思い込んでいると，参加を渋る子どもの表情や背景を見逃してしまうことがあります。

　論理療法では，このような思い込みを「イラショナルビリーフ」というキーワードで説明します。「イラショナルビリーフ」とは，事実に即さない，理屈に合わない，固い考え方のことです。この場合，「参加できるにこしたことはない」「次は参加できればよい」くらいに考えられると，柔軟で健康的だと思います。

　身動きがとれないときは，問題そのものよりも，自身の頭に浮かんだ固定概念（イラショナルビリーフ）が邪魔をしていることが多くありま

す。それらにとらわれず，さまざまな方法にトライしながら，「うまくいくこと」を探して，「うまくいったこと」を繰り返しながら，前に進んでいくことです。

（5）人間関係力

　人間関係（リレーション）は，次のように段階を踏まえて形成されていきます（「ワンネス」「ウイネス」「アイネス」は，國分康孝が考えた和製英語です）（國分，2004）。いまどの段階かを踏まえて，子どもとの関わり方を考えていく必要があります。いきなり②のウイネスや，③のアイネスから入ると，うまくいかないことになります。教師は自らが，3つのコミュニケーションのどこから入りやすい傾向があるかを自覚しておくとよいと思います。

①ワンネス：ONENESS（響き合い・一体感）

- こどもの内的世界をこどもと共有する
- 「教えよう」「直そう」とする前に「わかろう」とする
- 直接体験・間接体験をもとに，感情体験の幅を広げる
- 特定のビリーフ（〜ねばならない）に固執しない

②ウイネス：WENESS（支える）

- 我々意識，すなわち仲間意識をもつ
- こどもの存在に気を配る
- ほめる
- こどもの役に立つことをする
- 考えすぎずに，必要なときには具体的な行動をする

③アイネス：INESS（自分を打ち出す）

- 「私はこうなのだ」と自分を開いて，相手も自分を開きやすくする
- 「私はこう思う」と，相手に打って出る
- 相手の立場を認めつつ，自分の思考（考え）・感情・行動（事実）をオープンにする

モデルとしての教師

　最後に，私が気をつけていることを 2 つ紹介したいと思います。

　一つは，子どもたちに，いつも自分を開くことです。教師は，子どもたちにとって模倣の対象になります。ふれ合い体験と自他発見を目的とする SGE において，教師の自己開示が希薄だと，生徒の自己発見も乏しくなってしまいます。

　もう一つは，実存主義的発想を，自分の生き方のベースにすることです。実存主義とは，「私の人生の主人公は自分自身である」という，個の自覚を求める生き方です。私は人生の師である國分康孝先生から，Courage to be（存在への勇気，つまり，ありたいようにあれ）の哲学と，それを体現する生き方を教わりました。

　教師は子どもたちにとって，最も身近な大人のモデルです。教師として，学級担任として，一人の人間として，どんなクラスになってほしいのか，どんな大人になってほしいのかを，恐れずに打ち出していく，ミッションとパッションが大事だと思います。

SGE と私の出会い

　私（大友）が高校で理科の教員をしていた時代の話です。最初の赴任地であった北海道最北端の町・稚内《わっかない》でのいちばんの悩みは，授業が成立しないことでした。若さと勢いで，授業開始から 10 分ぐらいは何とか話を聞いてもらえるのですが，生徒たちは私語が多く，どうしたら授業を聞いてくれるか悪戦苦闘の日々でした。

　そんなときに教育相談の研修会を受ける機会があり，それをきっかけにカウンセリングの勉強を始めるようになりました。日々の授業を録画して，自分で見て，生徒と一緒に見ているうちに，自分の授業での話し方や生徒への関わり方などさまざまなことが見えてきました。

　その後，35 歳のときに，現職派遣制度を使って筑波大学大学院に行けることになり，そこで國分康孝先生（当時 60 歳，構成的グループエンカウンターの提唱者）にお会いしました。SGE にも出合い，修士論文ではカウンセリングマインドを取り入れた授業を取り上げました。

　この本を読んでいる方で，もし，いま，教師の仕事に悩んでいる人がいるとしたら，「ピンチはチャンス」とお伝えしたいです。授業に悩んでいた私が，國分先生との出会いによって，こんなに豊かな人生になりました。ヒト・モノ・コトとの出会いによって，人生はいつでも変わることを知ってほしいと思います。

引用・参考文献

國分康孝・大友秀人　2001　授業に生かすカウンセリング　誠信書房

岸俊彦・水上和夫・大友秀人・河村茂雄　編集　2013　意欲を高める理解を深める対話のある授業　図書文化

國分康孝・國分久子総編集　片野智治編集代表　朝日朋子・大友秀人・岡田弘・鹿嶋真弓・河村茂雄・品田笑子・田島聡・藤川章・吉田隆江編集　2004　構成的グループエンカウンター事典　図書文化

中央教育審議会　2012　新たな未来を築くための大学教育の質的展開に向けて「生涯学び続け，主体的に考える力を育成する大学へ」（答申）

河野義章　2014　「よいよい学習者を育てる」新版教育カウンセラー標準テキスト上級編　図書文化

中山芳一　2018　学力テストで測れない非認知能力が子どもを伸ばす　東京書籍

藤平敦　2019　新学習指導要領が求める資質・能力の育成と生徒指導の役割—教育カウンセリングによる「発達支援」の充実—　管理職・スクールリーダーのための教育カウンセリングセミナー（NPO 日本教育カウンセラー協会主催）

水上和夫　2019　授業に生かすカウンセリングに関する研究（4）— シェアリング調整スキル向上が授業者に及ぼす効果 —2009 年日本教育カウンセリング学会研究発表大会発表論文集 pp.104 ～ 105

さらに学びたい読者へ

◆ NPO 日本教育カウンセラー協会（JECA）

　SGE 研修会の最新情報は，NPO 日本教育カウンセラー協会のホームページに公開されています。体験コース，リーダーコース，教育分析コースは全国各地で行われており，基本的に宿泊研修です。日帰りの 1 日入門コースは，例年，夏休みに東京で開催しています。
http://www.jeca.gr.jp/info/info.htm

　また，学校教育への活用をめざしたスペシフィック SGE アドバイザー養成研修会が協会の各支部で開催されています。詳細は各支部のホームページをご参照ください。

◆対話のある授業みらい研究所

　富山県教育カウンセラー協会では，対話のある授業の実践で得られた成果をもとに「対話のある授業みらい研究所」を設立し，授業づくりを活性化する研究を推進しています。実践研究に基づく，ふれ合いとつながりのある授業づくりを発信することで，21 世紀を生き抜く子どもを育てる授業を求める教育現場の期待に応え，教師の授業力向上をめざします。詳細はホームページをご覧ください。
http://www5f.biglobe.ne.jp/~ToyamaEca/posts/blog5.html

あとがき

　学校現場では主体的・対話的で深い学びを実現するために，授業にペアやグループ学習を取り入れる動きが広がっています。ところが実際には，「ふれ合い」と「つながり」をつくることで，子どもが自ら学ぼうとする意欲を高めることを意識してグループ学習に取り組んでいる教師は多くはありません。

　その背景には「活動になじめない子どもがいるのでうまくいかない」「時間ばかりかかって効率が悪い」「子どもが何をしているかがわからないので不安」など，グループ学習への否定的なイメージがあります。これまでの学校現場では，授業の名人＝一斉指導の名人ということが多く，一斉指導を進めることはできるようになってもペアやグループ活動の指導の仕方がわからないという悩みを耳にします。

　私は 2003 年 8 月に，授業づくりに生かす育てるカウンセリング実践ワークショップを開催して以来，毎年対話のある授業づくりワークショップを続けています。構成的グループエンカウンターの自己開示やシェアリング，介入などのスキルを授業づくりに生かすことで，関わりをつくる双方向・相互作用型授業をめざしています。そして毎回ワークショップの受講者と共に，グループ学習の「ふれ合い」と「つながり」が学校生活を充実させ，子どもの成長を促進する原動力になることを実感しています。

　授業は認知能力を育てるのに大きな役割を果たしてきました。非認知能力である意欲，自制心，誠実さ，忍耐力，自己肯定感などや協調性，共感する力，思いやり，道徳性などは，授業づくりでは副次的に扱われてきました。授業で非認知能力を育てるためには，教え＝教えられる関係を変革し，集団の力を活用することがポイントとなります。

　グループ学習では，子どもが自分の考えをもって対話しながら学習を進め，共同的に他者との相互作用を行うことで知識を再構成していきま

す。構成的グループエンカウンターを生かして対話のあるグループ学習を進め，子ども同士が関わり合って学ぶことで，学ぶ意欲や自己肯定感，協調性や思いやりなどを高めることができるのです。

　グループ学習を取り入れ，対話のある授業を進めることが非認知能力を伸ばし，学びに立ち向かう子どもを育てると考えています。これからは，授業の名人＝グループ学習の名人という時代がやってくるのです。

　本書の発刊にあたり図書文化社の渡辺佐恵さん，加藤千絵さんには多くのアドバイスをいただきました。特にわかりやすい内容，イラストにするために多くの労力を費やし，時間を割いていただきました。また，図書文化社福富泉社長やNPO日本教育カウンセラー協会東則孝事務局長には，「教育エクレ」シリーズスタートの後押しをしていただきました。皆様のお力添えとご理解に深く感謝申し上げます。

　令和の時代に教育カウンセリングに期待されていることは，ふれ合いを深め，学び合う授業づくり，学級づくりをサポートすることです。エンカウンターのスピリッツとスキルは令和の時代にこそ求められ，活かされると思っています。「ふれ合い」と「つながり」のあるグループ学習を進め，資質・能力（コンピテンシー）を獲得する学びを具現化するために本書が多くの教師の力になることを願っています。

対話のある授業みらい研究所所長

（公立学校スクールカウンセラー）

水上和夫

著者紹介

大友秀人 （おおとも　ひでと）

北海商科大学教授。NPO 日本教育カウンセラー協会副会長。北海道・青森教育カウンセラー協会代表。レスブリッジ大学（カナダ）交換教授（2014）。青森明の星短期大学客員教授（2017〜）。北海道大学卒業，筑波大学大学院修了。博士（心理学）。高校教員 20 年，青森明の星短期大学 8 年を経て現職。モットーは「教師の元気アップ！スキルアップ！」。日本教育カウンセリング学会理事。上級教育カウンセラー，ガイダンスカウンセラー，SGE 公認リーダー。
おもな著書：『対話のある授業：教育カウンセリングを生かした授業づくり』（共著）『構成的グループエンカウンター事典』（共編）（以上，図書文化），『教育カウンセリングとイノベーション』（共著，三恵社），ほか多数

水上和夫 （みずかみ　かずお）

対話のある授業みらい研究所所長。富山県公立学校スクールカウンセラー。NPO 日本教育カウンセラー協会理事。富山県教育カウンセラー協会代表。南砺市教育委員。上越教育大学大学院生徒指導コース修了。富山県教育委員会指導主事，主任指導主事，富山県総合教育センター教育相談部長，公立小学校長を経て現職。教師の指導力向上を第一に考え，「教育は現場からしかよくならない」をモットーに活動している。日本教育カウンセリング学会常任理事。上級教育カウンセラー。ガイダンスカウンセラー。SGE 公認リーダー。
おもな著書：『10 分でできるなかよしスキルタイム 35』（単著）『対話のある授業：教育カウンセリングを生かした授業づくり』（共著）（以上，図書文化），『スクールカウンセラーのビリーフとアクティビティ』（共著，金子書房），ほか多数

[教育エクレ]

エンカウンターに学ぶ
グループ学習10のスキル

2019年11月20日　初版第1刷発行 ［検印省略］

編 著 者　大友秀人・水上和夫©
発 行 人　福富　泉
発 行 所　株式会社 図書文化社
　　　　　〒112-0012　東京都文京区大塚1-4-15
　　　　　TEL. 03-3943-2511　FAX. 03-3943-2519
組　　版　株式会社　さくら工芸社
印　　刷　株式会社　厚徳社
製　　本　株式会社　村上製本所

構成的グループエンカウンターの本

必読の基本図書

構成的グループエンカウンター事典
國分康孝・國分久子総編集　Ａ5判　**本体 6,000円＋税**

教師のためのエンカウンター入門
片野智治著　Ａ5判　**本体 1,000円＋税**

自分と向き合う！究極のエンカウンター
國分康孝・國分久子編著　Ｂ6判　**本体 1,800円＋税**

エンカウンターとは何か　教師が学校で生かすために
國分康孝ほか共著　Ｂ6判　**本体 1,600円＋税**

エンカウンター スキルアップ　ホンネで語る「リーダーブック」
國分康孝ほか編　Ｂ6判　**本体 1,800円＋税**

構成的グループ
エンカウンター事典

目的に応じたエンカウンターの活用

エンカウンターで保護者会が変わる　小学校編・中学校編
國分康孝・國分久子監修　Ｂ5判　**本体 各2,200円＋税**

エンカウンターで不登校対応が変わる
國分康孝・國分久子監修　Ｂ5判　**本体 2,400円＋税**

エンカウンターで学級づくりスタートダッシュ　小学校編・中学校編
諸富祥彦ほか編著　Ｂ5判　**本体 各2,300円＋税**

エンカウンター　こんなときこうする！　小学校編・中学校編
諸富祥彦ほか編著　Ｂ5判　**本体 各2,000円＋税**　　ヒントいっぱいの実践記録集

どんな学級にも使えるエンカウンター20選・中学校
國分康孝・國分久子監修　明里康弘著　Ｂ5判　**本体 2,000円＋税**

どの先生もうまくいくエンカウンター20のコツ
國分康孝・國分久子監修　明里康弘著　Ａ5判　**本体 1,600円＋税**

10分でできる　なかよしスキルタイム35
國分康孝・國分久子監修　水上和夫著　Ｂ5判　**本体 2,200円＋税**

エンカウンターで
保護者会が変わる
（小・中）

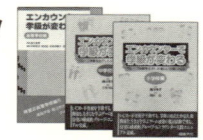

エンカウンターで学級が変わる
（小・中・高）

多彩なエクササイズ集

エンカウンターで学級が変わる　小学校編　中学校編　Part 1～3
國分康孝監修　全3冊　Ｂ5判　**本体 各2,500円＋税**　　Part1のみ　**本体 各2,233円＋税**

エンカウンターで学級が変わる　高等学校編
國分康孝監修　Ｂ5判　**本体 2,800円＋税**

エンカウンターで学級が変わる　ショートエクササイズ集　Part 1～2
國分康孝監修　Ｂ5判　　①**本体 2,500円＋税**　②**本体 2,300円＋税**

図書文化